묵자

사랑, 그리고 평화를 향한 참지식인의 길

청소년 철학창고 10

묵자 사랑, 그리고 평화를 향한 참지식인의 길

초판 1쇄 발행 2006년 3월 15일 | 초판 7쇄 발행 2022년 3월 31일

풀어쓴이 박영하
펴낸이 홍석 | 기획 채희석 | 이사 홍성우
인문편집 팀장 박월 | 편집 박주혜 | 표지 디자인 황종환 | 본문 디자인 서은경
마케팅 이송희·한유리·이민재 | 관리 최우리·김정선·정원경·홍보람·조영행
펴낸곳 도서출판 풀빛 | 등록 1979년 3월 6일 제2021-000055호
주소 07547 서울시 강서구 양천로 583 우림블루나인 A동 21층 2110호
전화 02-363-5995(영업), 02-364-0844(편집) | 팩스 070-4275-0445
홈페이지 www.pulbit.co.kr | 전자우편 inmun@pulbit.co.kr

ISBN 979-89-7474-536-3 44150
ISBN 978-89-7474-526-4 (세트)

이 도서의 국립중앙도서관 출판예정도서목록(CIP)은 서지정보유통지원시스템 홈페이지(http://seoji.nl.go.kr)와
국가자료공동목록시스템(http://www.nl.go.kr/kolisnet)에서 이용하실 수 있습니다. (CIP제어번호: CIP2006000475)

묵자

사랑, 그리고 평화를 향한 참지식인의 길

묵자 지음 | 박영하 풀어씀

'청소년 철학창고'를 펴내며

　우리 청소년이 읽을 만한 좋은 책은 없을까? 많은 분들이 이런 고민을 하셨을 겁니다. 그러면서 흔히들 고전을 읽어야 한다고 합니다. 하지만 서점에 가서 책을 골라 보신 분들은 느꼈을 겁니다. '청소년의 지적 수준에 맞춰서 읽힐 만한 고전이 이렇게도 없는가.'라고.

　고전 선택의 또 다른 어려움은 고전의 범위가 매우 넓다는 것입니다. 청소년 시기에는 시간과 능력의 한계 때문에 그 많은 고전들을 모두 읽을 수 없습니다. 그렇다면 어떤 책을 읽어야 할까요?

　이런 여러 현실적인 어려움을 고려해 기획한 것이 풀빛 '청소년 철학창고'입니다. '청소년 철학창고'는 고전의 핵심이라 할 수 있는 '철학'에 더 많은 무게를 실었습니다. 그 이유는 무엇일까요?

　사람들은 일반적으로 철학을 현실과 동떨어진 공리공담이나 펼치는 학문이라고 생각합니다. 하지만 철학적 사고의 핵심은 사물과 현상을 다양하게 분석하고 종합해서 그 원칙이나 원리를 찾아내는 것입니다. 그래서 철학은 인간과 세상에 대해 깊이 있게 생각하고, 논리적으로 종합하는 능력을 키워 줍니다. 그런 만큼 세상과 인간에 대해 눈떠 가는 청소년 시기에 정말로 필요한 공부입니다.

하지만 모든 고전이 그렇듯이 철학 고전 또한 읽기가 쉽지 않습니다. 그래서 '청소년 철학창고'는 청소년의 눈높이에 맞추기 위해 선정에서부터 원문 구성에 이르기까지 많은 노력을 기울였습니다.

첫째, 책을 선정하는 과정에서부터 엄격함을 유지했습니다. 동양·서양·한국 철학 전공자들이 많은 회의 과정을 거쳐, 각 시대마다 동서양과 한국을 대표하는 철학 고전들을 엄선했습니다. 특히 우리 선조들의 사상과 동시대 동서양의 사상들을 주체적인 입장에서 비교하고 검토할 수 있도록 했습니다.

둘째, 고전 읽기의 참다운 맛을 살리기 위해 최대한 원문을 중심으로 구성했습니다. 물론 원문 읽기의 어려움을 해결하기 위해 새롭게 번역하고 재정리했습니다. 그리고 청소년이라면 누구나 어렵지 않게 읽으면서 고전이 주는 의미와 내용을 이해할 수 있도록 설명을 덧붙였고, 전체 해설을 통해 저자의 사상과 전체 내용을 다시 한번 정리해 주었습니다.

마지막으로 쉬운 것부터 읽기 시작해 점차 사고의 폭을 넓혀 가도록 난이도에 따라 세 단계로 구분했습니다. 물론 단계와 상관없이 읽고 싶은 순서대로 읽어도 됩니다.

우리 선정위원들은 고전 읽기의 진정한 의미가 '옛것을 되살려 오늘을 새롭게 한다(溫故知新).'는 데 있다고 생각합니다. '청소년 철학창고'를 통해 자라나는 청소년들이 인간과 사물에 대한 깊은 통찰력을 키워, 밝은 미래를 열어 나갈 수 있기를 진정으로 바랍니다.

2005년 2월

선정위원   허우성(경희대 교수, 동양 철학)   윤찬원(인천대 교수, 동양 철학)
          정영근(서울산업대 교수, 한국 철학)   허남진(서울대 교수, 한국 철학)
          이남인(서울대 교수, 서양 철학)   한자경(이화여대 교수, 서양 철학)

들어가는 말

　사람들에게 "공자(孔子)가 누군지 아느냐?"라고 물으면 대부분이 "안다."라고 대답할 것이다. 그런데 "묵자(墨子)가 누군지 아느냐?"라고 물으면 아마도 대부분이 "잘 모른다."라고 대답할 것이다. 이렇듯 묵자는 사람들에게 그다지 많이 알려져 있지는 않지만 사실 중국 사상사에서 빼놓을 수 없는 아주 중요한 인물이다. 실제로 '중국 철학'이나 '동양 사상'에 관한 책들을 찾아보면 거의 모든 책에서 묵자의 사상을 매우 비중 있게 다루고 있다.

　주(周)나라의 통치력이 약화되어 제후국들의 권력 다툼과 잦은 전쟁으로 혼란했던 춘추 전국(春秋戰國) 시대에 등장한 묵자의 사상은 유가(儒家)와 쌍벽을 이룰 정도로 영향력 있는 사상이었다. 그러나 한(漢)나라 이후 묵자와 그의 사상은 철저히 외면당해야 했다. 그 이유는 묵자가 유가를 매우 강도 높게 비판했기 때문이었다. 묵자는 유가와 그 사상이 위선적이고 형식적이라는 이유로 비판을 서슴지 않았는데 특히, 공자를 노골적으로 비판했다. 그런데 한나라 이후 오랜 세월 동안 유가 사상이 중국 역대 왕조의 통치 이념으로서 자리를 잡고 있었으니 공자와 유가를 정면으로 비판한 묵자의 사상은 당연히 배척될 수밖에 없었다. 이렇듯 묵자의 사상은 중국 역사에서 약 2천 년간 빛을 보지 못하다가 중국의 근대 지식인들에 의해 새롭게 재조

명되면서 중요한 사상으로 자기 자리를 찾게 되었다.

그렇다면 어째서 묵자의 사상이 새롭게 조명된 것일까? 그것은 묵자의 사상이 근대적 가치인 '인간의 존엄성'을 추구했기 때문이다.

묵자의 핵심 사상은 신분이나 친분을 초월해서 모든 사람들을 두루 사랑하라는 '겸애(兼愛)', 강대국의 침략 전쟁을 반대하고 약소국들의 방어 전쟁을 옹호한 '비공(非攻)', 사회 지도층의 사치를 경계하고 검소한 장례 의식을 권장한 '절용(節用)'과 '절장(節葬)'이다. 이러한 사상은 오늘날 우리 사회에 만연된 각종 이기주의 풍조와 비인간화 현상, 개발을 앞세운 환경 파괴, 무절제하고 충동적인 소비문화, 자기 과시적이고 형식에 치우친 혼례와 상례 풍습 등을 생각하게 한다. 또한 지구촌 곳곳에서 아직도 그치지 않는 민족 및 인종 간의 갈등, 약소국에 대한 강대국의 부당한 간섭과 횡포 문제 등을 돌아보게 만든다. 이런 점들을 종합해 볼 때 묵자의 사상은 인간의 생명과 가치를 존중하며 인류애를 강조한 평화 사상이라고 할 수 있다.

이 책에서 필자는 묵자의 평화 사상이 담긴 《묵자》를 청소년들이 쉽게 읽고 이해할 수 있도록 풀어 썼다. 이 책이 묵자라는 사상가가 그토록 염원했던 세상, 즉 모든 사람들이 서로를 아끼고 사랑하며 절제와 검소한 생활로 자연과 조화롭게 공존하며 살아가는 평화의 세상을 만들어가는 데 작은 보탬이 되길 진심으로 바란다.

2006년 2월
박영하

전국 시대 국가들(기원전 403년~221년)

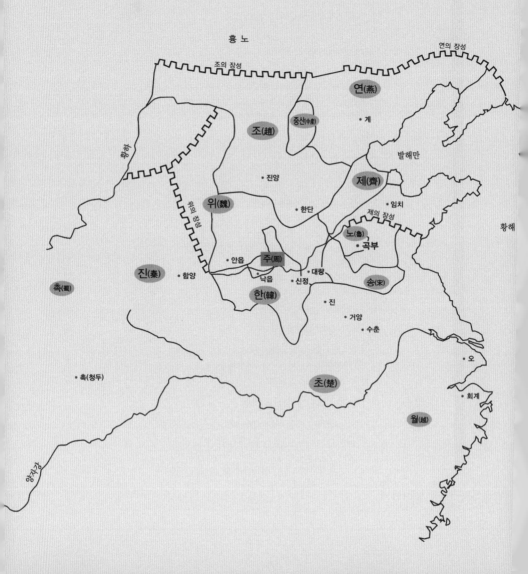

흉 노

연의 장성

조의 장성

연(燕)

중산(中山)

조(趙)

• 계

발해만

황하

진양

제(齊)

위의 장성

위(魏)

• 한단

• 임치

제의 장성

노(魯)

황해

곡부

진(秦)

주(周)

• 함양

• 안읍

낙읍

• 신정

• 대량

송(宋)

촉(蜀)

한(韓)

• 진

거양

촉(청두)

• 수춘

• 오

초(楚)

회계

월(越)

양쯔강

고대 중국의 성왕(聖王)과 폭왕(暴王)

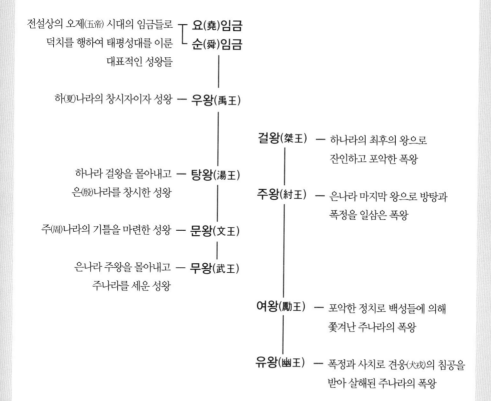

전설상의 오제(五帝) 시대의 임금들로 ┬ **요(堯)임금**
덕치를 행하여 태평성대를 이룬   └ **순(舜)임금**
대표적인 성왕들

하(夏)나라의 창시자이자 성왕 ── **우왕(禹王)**

걸왕(桀王) ── 하나라의 최후의 왕으로
             잔인하고 포악한 폭왕

하나라 걸왕을 몰아내고 ── **탕왕(湯王)**
은(殷)나라를 창시한 성왕

주왕(紂王) ── 은나라 마지막 왕으로 방탕과
             폭정을 일삼은 폭왕

주(周)나라의 기틀을 마련한 성왕 ── **문왕(文王)**

은나라 주왕을 몰아내고 ── **무왕(武王)**
주나라를 세운 성왕

여왕(厲王) ── 포악한 정치로 백성들에 의해
             쫓겨난 주나라의 폭왕

유왕(幽王) ── 폭정과 사치로 견융(犬戎)의 침공을
             받아 살해된 주나라의 폭왕

1. 이 책은 청나라 손이양(孫詒讓)의 《묵자간고(墨子閒詁)》(대만 예문인서관 영인본)를 기본 텍스트로 하고, 《신역 묵자(新譯 墨子)》(김학주 역해, 명문당, 2003)와 《묵자》(박재범 옮김, 홍익출판사, 1999), 《묵자》(박문현·이준영 해역, 자유문고, 1995)를 참고하였다.
2. 《묵자》는 현재까지 53편이 전해 오는데, 이 책에서는 묵자의 핵심 사상이라 할 수 있는 20편을 골라 양계초의 분류를 참고하여 4부로 나누어 재구성하였다.
3. 각 편의 맨 앞에는 전체적인 내용의 흐름을 쉽게 이해할 수 있도록 그 내용을 요약하였다.
4. 번역은 원문을 중심으로 하였으나 일부 반복되는 부분은 생략하거나 요약하였고, 어려운 내용은 이해를 돕기 위해 최대한 쉽게 풀어 썼다.

墨子

제1부 _ 나라를 바로 세우는 기초

'묵가 사상의 개요'를 밝힌 부분으로 친사(親士)·수신(脩修)·칠환(七患)·사과(辭過)
4편으로 구성되었다. 이 부분은 한 나라가 바로 서기 위해 어떻게 기초를 닦아야
하고, 유능한 인재의 등용과 국가 운영을 위한 지도자의 자기 수양과 기본 자세
는 어떠해야 하는지 등을 자세히 다루고 있다.

1. 친사(親士)–선비를 가까이하라

친사란 '선비를 가까이한다.'라는 뜻이다. 이 편에서 묵자(墨子)는 나라를 책임진 지도자, 즉 군주가 인격과 실력을 갖춘 현명한 인재를 등용하여 가까이 두고 그들이 군주와 거리낌 없이 나라 일을 의논할 수 있어야 그 나라가 발전한다고 말한다. 반대로 아첨을 일삼으며 비위나 맞추는 신하를 가까이하는 군주는 나라를 망치고 후세에까지 그 이름을 더럽히게 된다고 역사적 실례를 들어 경고하고 있다. 또한 묵자는 재주가 많고 뛰어난 인물에게는 견제하고 질투하는 자가 많으니 신중하게 행동할 것을 당부한다. 그리고 군주는 넓은 마음으로 다양한 의견에 귀 기울여야 할 뿐만 아니라 가슴에 품은 이상을 실현하기 위해 세심하게 신경써야 한다고 강조하고 있다.

선비를 가까이하지 않으면 나라가 망한다

한 나라의 군주가 선비를 존중하지 않는다면 그 나라는 머지않아 망하게 될 것이다. 군주가 현명한 이를 보고도 서둘러 그를 등용하지 않는다면, 그 또한 군주를 소홀하게 대할 것이다. 현명한 사람이 아니라면 서둘러 등용할 필요가 없고, 현명한 선비가 아니라면 더불어 나라의 일을 염려할 필요가 없다.

훌륭한 인재의 등용을 소홀히 하거나 현명한 선비들을 생각하지 않고도 그 나라를 보전한 군주는 아직까지 없었다. 간사한 신하는 군주를 해롭게 하고 아첨하는 부하는 상관을 해롭게 한다. 군주에게는 반드시 그의 잘못을 지적하고 올바른 도리를 주장하는 신하가, 상관에게는 반드시 바른말을 하는 부하가 있어서 진지하게 논쟁하고 서로를 가르쳐야 한다. 그렇게 되면 그 군주는 타고난 수명을 누리고 오래도록 나라를 보전하게 될 것이다.

신하들이 자신의 자리만 보전하기 위해 군주 가까이에 있으면서도 해야 할 말을 제대로 하지 않고, 멀리 있어도 입을 다문다면 백성들의 마음에는 원한이 맺힐 것이다. 군주의 주위에 아첨하는 신하들이 널려 있어 올바른 논의가 이루어지지 않는다면 나라는 위태로워진다.

걸왕(傑王)이나 주왕(紂王) 곁에 어진 선비가 없어서 그들이 천하를 잃고 목숨도 잃었겠는가? 그렇기 때문에 군주에게 바치는 보물 가운데 어진 이를 추천하고 현명한 선비를 관직에 나아가도록 하는 것보다 더 좋은 것이 없다.

지나치게 뛰어나면 자신을 지키기 어렵다

지금 여기에 다섯 개의 송곳이 있다고 할 때 그중 가장 뾰족한 송곳이 있을 것이고, 그 송곳이 가장 먼저 무뎌질 것이다. 또한 여기에 다섯 개의 칼이 있다고 하면 그중에 가장 날카로운 칼이 있을 것이고, 그 칼이 가장 먼저 닳게 될 것이다. 물맛이 가장 좋은 샘이 제일 먼저 마르고, 보기 좋은 나무가 가장 먼저 잘리며, 점을 치는 데 쓰는 신령스런 거북의 껍질이 먼저 불태워지고, 기우제의 제물로 쓰는 신령스런 뱀이 먼저 햇볕에 말려진다. 비간(比干)이 죽임을 당한 것은 그가 굽히지 않았기 때문이고, 맹분(孟賁)이 죽임을 당한 것은 그의 용감함 때문이며, 서시(西施)가 물에 빠져 죽은 것은 그 아름다움 때문이고, 오기(吳起)가 몸이 찢겨 죽은 것은 그의 공적 때문이다. 이 사람들은 자신의 장점 때문에 죽었다. 그래서 '지나치게 뛰어나면 지키기 어렵다.'라고 한 것이다.

골짜기가 좁으면 물이 빨리 마른다

비록 어진 군주라 해도 공이 없는 신하를 사랑하지 않으며, 인자한 부모라 해도 쓸모없는 자식을 사랑하지 않는다. 책임을 다하지 못하면서 자리만 차지하고 있는 사람은 그 자리에 있어서는 안 되는 사람이다. 그 벼슬자리를 감당하지 못하면서 녹봉(祿俸, 지위에 따라 지급되던 돈이나 곡물)을 받는 자는 또한 그 녹봉의 주인이 될 수 없는 사람이다.

좋은 활은 잡아당기기는 어려워도 화살을 높이 날아가게 하고 깊이 박히게 할 수 있다. 좋은 말은 타기는 어려워도 무거운 짐을 싣고 멀리 갈 수 있다. 훌륭한 인재는 부리기는 어려워도 군주를 도와 군주의 존귀함을 천하에 드러나게 할 수 있다.

장강(長江, 양자강)이나 황하(黃河)는 작은 골짜기의 물이 그 속에 흘러들어와 가득 채워지는 것을 싫어하지 않았기에 능히 큰 강이 될 수 있고, 성인은 주어진 일을 마다하지 않고 어떤 일에서든 순리를 벗어남이 없으므로 능히 천하의 큰 그릇이 될 수 있는 것이다. 장강과 황하의 물은 한 가지 근원에서 나온 물이 아니며 가죽 옷 한 벌은 한 마리 여우의 흰 털가죽만으로 만들어지는 것이 아니다. 그러니 의견이 자신과 조금 다르다고 해서 등용하지 않고 오로지 자신과 뜻이 같은 사람만을 등용해서야 되겠는가? 이는 세상을 다스리는 군주의 도리가 아니다.

하늘과 땅은 환하게 밝기만 한 것이 아니고, 큰 물은 맑기만 한 것이 아니다. 큰 불은 활활 타기만 하는 것이 아니고, 군주의 덕은 높고 빼어나기만 한 것이 아니다. 골짜기가 좁으면 물이 빨리 마르고,

골짜기를 흐르는 물이 얕으면 바닥을 드러내기 쉬우며, 돌이 많은 땅에서 식물이 자라지 않듯, 군주의 두터운 은덕이 궁궐을 벗어날 수 없다면 군주의 덕은 나라 전체에 흐를 수 없는 것이다.

묵자는 군주가 현명한 선비를 가까이하지 않는 것이 나라를 망하게 하는 길이라고 말한다. 그리고 실제로 선비를 멀리하다가 망한 두 폭군 걸왕과 주왕의 예를 들고 있다.

걸왕은 고대 중국 하(夏)나라의 마지막 왕인데, 아첨하는 신하를 가까이하고 충신을 배척했다. 물론 걸왕에게도 어질고 현명한 신하의 간언이 없지는 않았다. 이윤(伊尹)이라는 신하는 걸왕에게 요임금과 순임금의 어질고 선한 정치를 예로 들며 백성들의 고통을 진심으로 이해하고 성실하게 천하를 다스리라고 권했으나 걸왕은 들으려고 하지 않았다. 말년에 걸왕이 더욱 난폭해지고 나라의 일을 돌보지 않자 신하인 종고(終古)가 울면서까지 간언했으나 걸왕은 오히려 쓸데없이 남의 일에 참견한다고 질책했다. 또한, 대신인 관룡봉(關龍逢)이 걸왕에게 "천자(天子, 하늘이 인정한 임금)가 겸손하면서도 신의를 중시하고 근검절약하면서도 어진 인재를 좋아하면, 천하가 안정될 수 있고 왕조도 튼튼하게 지킬 수 있습니다. 지금 폐하께서는 사치를 절제하지 못하고 살육을 일삼으시니, 백성들은 모두 폐하가 일찍 죽기만을 바랄 것입니다. 폐하께서는 이미 민심을 잃었으니 하루빨리 잘못을 고쳐야 민심을 되돌릴 수 있을 것입니다."라고 간언하자, 걸왕은 격노하여 그에게 욕설을 퍼붓고는 죽여 버렸다. 결국 걸왕은 날로 민심을 잃어 고립되었고, 제후국 상(商)나라의 탕왕(湯王)이 현명한 신하인 이윤의 도움을 받아 걸왕을 정벌한다. 이렇게 하나라는 어진 선비를 멀리하다가 종말을 고하고 만다.

은(殷)나라의 주왕 역시 대표적인 폭군의 한 사람으로, 애첩인 달기(妲己)를 총애하여 하루 종일 궁중에서 술을 마시며 유희를 즐겼다. 뿐만 아니라 궁중 안에 연못을 파서 바닥에 자갈을 평평하게 깔고 그 안에 술을 가득 부어 두어 '주지(酒池)'라고 불렀고, 연못 사방에는 비단을 감은 나뭇가지에 고기를 매달아두고 '육림(肉林)'이라 했다. 이른바 '주지육림'의 고사가 바로 여기에서 나온 것이다. 주지육림에 들어가는 막대한 비용을 채우기 위해서 주왕은 백성들을 혹독하게 착취했다. 그리고 달기의 환심을 사기 위해서 길을 가는 사람의 목을 베거나 다리를 자르기도 했고, 심지어는 아이를 밴 여자의 배를 갈라 태아를 꺼내는 등 잔인한 행동도 일삼았다.

이를 보다 못한 주왕의 이복형 미자계(微子啓)가 여러 차례 충고했지만 주왕은 고집을 꺾지 않았다. 또한 주왕의 숙부 비간이 충고하자 주왕은 태연하게 "성인의 심장은 구멍이 일곱 개라 하던데 당신의 심장은 구멍이 몇 개인지 내가 한번 봐야겠소!"라고 하면서 비간을 죽이고 그의 심장을 꺼내 보기까지 했다. 무거운 세금으로 인해 백성들의 원성이 점점 높아지고, 주왕의 폭정에 반기를 드는 제후들이 늘어가자 주왕은 새로운 형벌을 만들어 자신을 비방하거나 욕하는 사람들, 특히 자신의 잘못된 정치에 대해 바른말을 하는 이들을 잡아다가 모조리 처벌했다.

주왕의 학정에 시달린 신하와 백성들은 원망이 극에 달하여 그의 곁을 떠났고, 반란도 끊이지 않았다. 결국 주(周)나라의 무왕(武王)이 제후들의 지지를 받아 대군을 거느리고 주왕을 토벌했다. 이렇게 걸왕과 주왕은 어질고 현명한 이들의 충고를 무시한 왕들 가운데 대표적인 사례라고 할 수 있다.

한편, 묵자는 권모술수가 지배하던 당시에 훌륭한 인재들의 지혜로운 처신을 아울러 강조한다. 재주가 많고 뛰어난 인물일수록 정치적으로 대립되는 사람들과 경쟁자들의 모함을 받아 정치적 희생양이나 제물이 되기 쉬우니 신중하게 행동할 것을 구체적인 사례들을 통해 일깨워 준다. 조카인 주왕에게 숙부로서 충고를 주저하지 않았던 비간, 소의 뿔을 뽑을 정도로 힘이 세던 전국(戰國) 시대의 장사 맹분, 미모로 오(吳)나라의 왕 부차(夫差)의 마음을 사로잡아 오나라를 멸망에 빠뜨리고 장강에 몸을 던져 죽은 절세의 미녀 서시, 위(衛)나라 출신으로 병사들과 함께 동고동락하며 전쟁에서 한 번도 패한 적이 없을 정도로 전공을 세워 초(楚)나라 도왕(悼王)의 신임을 받아 재상의 자리에 오르지만, 도왕이 죽자 그를 미워하던 반대파에게 몸이 찢겨 죽은 오기, 이들은 모두 강직한 성품, 용맹, 미모, 탁월한 병법으로 이름을 떨치긴 했지만 결국에는 자신들이 지닌 장점 때문에 비극적인 최후를 맞이한다. 그래서 묵자는 현명한 사람일수록 겸손하게 처신하거나 참고 기다리는 자세가 필요하다고 말한다.

끝으로, 묵자는 아무리 좋은 의견이 있고 현명한 인재가 있더라도 지도자인 군주가 폭넓게 의견을 수용하거나 인재를 등용하지 않으면 아무 소용이 없다면서 군주의 적극적인 수용 자세를 강조한다. 이와 더불어 군주가 아무리 좋은 정치적 이상을 품고 있어도 백성들이 피부로 느낄 수 있도록 정책을 통해 실현하지 않으면 안 된다는 점도 지적하고 있다.

2. 수신(脩身)-자기 자신부터 수양하라

수신이란 말 그대로 '자신을 수양한다.'라는 뜻인데, 수신편에서는 군자가 갖춰야 할 기본적 덕목이 나온다. 묵자는 군자로서 갖춰야 할 덕목으로 청렴, 의리, 사랑, 진실성, 겸손, 자기반성을 들고 군자가 이를 지닐 수 있도록 열심히 노력할 것을 말했는데, 이 중에서도 특히 겸손을 강조했다. 묵자는 겸손의 덕을 지니기 위해서는 끊임없는 자기반성과 지행일치(知行一致)에 힘써야 한다고 말한다.

가까운 것을 살피고 자신부터 닦아 나가라

군자는 전쟁을 치를 때에는 먼저 용기를 기본으로 삼아야 한다. 상(喪)을 치를 때에는 예의를 갖춰야 하지만 슬픔을 기본으로 삼아야 한다. 선비는 학식이 있어야 하지만 먼저 실천을 기본으로 삼아야 한다. 그러므로 기본을 탄탄하게 해 놓지 않고서 말단과 지엽적인 것을 더 신경쓰려고 해서는 안 된다. 가까이 있는 사람과 친하지 않으면서 멀리 있는 사람과 사귀려고 애쓰지 말아야 하며, 친척들과 친하지 않으면서 친척이 아닌 이들과 사귀려고 힘써서는 안 된다. 일의 처음과 끝이 정돈되지 않은 상태에서 여러 가지 일을 벌이려고 해서는 안 되며, 한 가지 사물에 대해 제대로 알지 못하면서 많은 것을 보고 들으려고 애쓰지 말아야 한다. 그래서 옛날의 훌륭한 임금들은 천하를 다스릴 때에 반드시 가까운 이들을 잘 살핌으로써 멀리 있는 사람들을 친근하게 만들었던 것이다.

군자는 가까운 것을 살피고 자신부터 닦아 나가는 사람이다. 군자는 사람들이 인격적으로 수양되어 있지 않거나 다른 사람들로부터 비난받는 것을 보면서 자신을 반성하는 사람이다. 그렇게 해야 남의 원망을 듣지 않고 자신의 행동과 자세를 닦아 나가게 된다. 또한 군자는 남을 모함하는 말이나 간사한 말을 귀담아 듣지 않으며 남을 공격하는 말을 하지 않고 남을 죽이거나 해치려는 잔혹한 마음을 갖지 않는다.

끊임없이 자신을 반성하고 실천에 힘쓰라

가난할 때는 청렴을 보여 주고, 부유할 때는 의로움을 보여 주며, 살아 있는 사람들에게는 사랑을 보여 주고, 죽은 사람에게는 슬픔을 보여 주는 것이 군자의 도리다. 청렴, 의로움, 사랑, 슬픔 이 네 가지 행동은 허례나 가식으로 되는 것이 아니다. 이런 행동은 자신을 돌이켜 보는 사람만이 할 수 있다.

마음에 담아 두고만 있으면 사랑을 다하지 못하고, 몸을 움직이는 것만으로는 공경을 다할 수 없으며, 입에서 나온 말이라고 다 순리에 맞는 것은 아니다. 이 네 가지 행동은 온몸에 두루 퍼지고 피부에 닿아서 머리가 희어지고 벗겨질 때까지 버리지 말아야 하는 것으로, 오로지 성인만이 할 수 있다.

의지가 강하지 못한 사람은 지혜의 끝에 도달할 수 없다. 말이 믿음직스럽지 못한 사람은 행동도 과감하지 못하다. 재물이 있으면서 남에게 나눠 줄 줄 모르는 사람은 더불어 벗으로 지내기에 부족한 사람이다. 사람의 도리를 성실하게 지키지 못하거나, 사물을 폭넓게 식별하지 못하고, 옳고 그름을 제대로 살펴 분별하지 못하는 사람은 더불어 사귀기에 부족한 사람이다.

근본이 굳세지 못한 사람은 끝에 가서 반드시 위태롭게 된다. 사내다워도 수양하지 않는 사람은 나중에 반드시 게을러질 것이다. 근원이 흐린 물은 흐름도 맑지 못하다. 행동이 미덥지 않은 사람은 그 명성도 반드시 사라진다. 명성은 저절로 생기는 것이 아니고 명예도 저절로 자라거나 빌릴 수 있는 것이 아니다. 공을 세워야 명성이 생기는 것이며, 명예는 자신에 대해 반성하는 자만이 얻을 수 있다.

말하는 데에는 힘쓰고 행하는 데에는 게을리한다면, 비록 말을 잘한다 해도 들어 주는 사람이 없을 것이다. 능력이 많더라도 자기 공로를 자랑한다면 비록 수고가 많아도 함께 일하려는 사람이 없을 것이다. 그러므로 지혜로운 사람은 마음속으로는 많은 내용을 알지만 복잡하고 어렵게 말하지 않으며, 능력이 많더라도 자신의 공로를 자랑하지 않으니 이것으로 자신의 명예를 천하에 드날리게 된다. 말은 많이 하려고 애쓰지 말고 지혜롭게 하는 데 힘써야 하며, 행동은 자신을 드러내는 데 애쓰지 말고 잘 살피는 데 힘써야 한다. 지혜롭지 못한 사람은 자신을 잘 살피지 않고 자기 자신을 반성하는 일에 게으른데, 이는 그 힘써야 할 도리에 어긋나는 것이다.

　선함이 마음의 한가운데에 서 있지 않은 사람은 이름을 후세에 남길 수 없고, 행동이 말과 일치하지 않는 사람은 명예를 얻지 못한다. 명예란 간단히 얻어지는 것도 아니고 기교로써 얻어지는 것도 아니다. 군자란 실천에 힘쓰는 사람이다. 자신에게 돌아올 이익만을 깊이 생각하거나 명예를 잊고 경솔하게 행동하고서도 천하의 훌륭한 선비가 된 사람은 아직까지 없었다.

　유학의 사서(四書) 가운데 하나인 《대학(大學)》에는 인격 수양의 과정과 방법으로 팔조목(八條目), 즉 격물(格物), 치지(致知), 성의(誠意), 정심(正心), 수신(修身), 제가(齊家), 치국(治國), 평천하(平天下)가 제시된다. 그래서 여기서 말하는 '수신'이 바로 《대학》에서 말하는 '수신'과 같은 내용이 아닐까라고 생각할 수도 있다. 물론 묵자도 유학의 경전을 공부했고 그의 사상과 지식이 유학의 경전을 통해 어느 정도까지 이루어진 것은 사실이다. 하지만 묵자는 유교의 지나친 형식주의와 지배자 위주의 논리에 반기를 들고 독자적인 사상을 만들었다. 그 결과 유학의 최대 적수이자 반대 세력으로 확고히 자리잡게 된다. 그러므로 묵자가 말하는 수신의 내용은 유학에서 말하는 수신과는 일정한 차이가 있다. 예를 들어 《대학》에서 말하는 수신은 천자에서부터 일반 백성에 이르기까지 모두가 인격을 갖추기 위해 노력해야 한다는 당위적이고 추상적인 개념인 데 반해, 묵자가 말하는 수신은 매우 실천적이고 구체적인 생활 원리로 제시되고 있다.

묵자는 전쟁에서 진을 치는 기술이나 지식도 중요하지만 무엇보다 용기를 바탕으로 해야 한다고 강조하고 있다. 또한 상을 치를 때에는 복장과 의식, 절차 등의 예의를 갖춰야 하지만 돌아가신 분에 대해 진정으로 슬퍼하는 마음이 그 바탕에 있어야 한다고 강조한다. 그리고 학문하는 자세로 실천을 위주로 한 지행일치를 강조하고 있는데, 이런 점이 바로 형식과 절차를 강조하는 유학자들과 다른 묵자의 태도라 하겠다. 묵자가 말한 가까이 있는 사람들부터 챙기라는 말도 정작 자기 나라에서는 뜻을 펴는 데 실패하고 다른 여러 제후국들을 떠돌며 올바른 정치에 대해 왈가왈부하는 유가(儒家)를 포함한 제자백가(諸

子百家)들을 비판하는 면도 엿보인다.

묵자는 항상 자신의 허물을 되돌아보자는 반면교사(反面敎師)나 타산지석(他山之石)의 자세를 가질 것을 강조하고, 타인에게 해를 끼치는 어떠한 폭력적 언행과 마음가짐도 갖지 말아야 한다고 주장한다. 또한 군자가 지녀야 할 덕성 가운데 청렴, 의로움, 사랑, 슬픔 네 가지를 들면서 허례나 가식이 아닌 마음에서 우러나오는 자세가 필요하다고 말한다. 한편 묵자는 사람을 사귈 때에는 서로를 진심으로 아끼면서 신의를 가지고 함께 나누는 자세를, 그리고 정직한 노력을 통해 얻는 명성과 명예를 강조한다. 그래서 말보다는 행동하는 데 힘쓰고, 자랑하기보다는 겸손하며, 드러내기보다는 자아 성찰에 힘써야 한다고 말한다. 즉, 늘 선한 마음을 지니고 이 모든 것을 끊임없이 실천하려는 것이 군자의 올바른 자세라는 것이다.

3. 칠환(七患)-나라를 망하게 하는 일곱 가지 재앙

칠환은 '나라를 망하게 하는 일곱 가지 재앙'을 말한다. 묵자는 통치자가 자신의 안위만 생각하는 것, 사치와 향락에 빠져 나라의 재물을 낭비하는 것, 나라의 방어와 식량 마련에 힘쓰지 않는 것, 상과 벌을 엄격히 하지 않는 것 등을 비판하면서 이런 것들이 나라를 망치는 요인이라고 보았다. 특히 식량 비축은 나라 살림의 근본으로 가장 중요하게 생각했다.

나라를 망하게 하는 일곱 가지 재앙

나라에는 일곱 가지의 재앙이 있다. 그것은 무엇인가?

첫째, 성곽이나 해자(垓子, 방어를 위해 성벽 밖에 판 연못)로 나라를 제대로 지키지 못하면서 궁궐만 크게 짓고 치장하는 것이다.

둘째, 적국의 군사가 국경에 이르렀는데도 사방에 있는 어느 이웃 나라에서도 지원군을 보내 구해 주지 않는 것이다.

셋째, 백성들의 힘을 쓸데없는 일에 다 써 버리고 능력도 없는 사람에게 상을 주는 것, 그리고 손님을 접대하느라 나라의 재물을 다 써 버리는 것이다.

넷째, 관직에 있는 사람들이 자기 자리를 보전하려고 패거리를 지어 교제하는 데만 힘쓰고, 군주는 법을 함부로 고쳐서 신하를 질책하고, 신하는 군주가 두려워 감히 거스르지 못하는 것이다.

다섯째, 군주가 자신을 스스로 지혜로우며 성인답다고 여겨서 나라 일을 다른 사람과 의논하지 않고, 스스로 강하다고 생각하여 나라를 수비하지 않으며, 이웃나라들이 침략을 도모하는데도 이를 모르고 경계하지 않는 것이다.

여섯째, 군주가 믿는 사람들은 충성스럽지 않고, 충성스런 사람들은 군주를 믿지 않는 것이다.

일곱째, 생산된 식량이 백성들이 먹기에는 부족한 양이고, 대신들이 군주를 섬기기에는 능력이 부족하며, 백성들에게 상을 내려도 상을 받는 사람이 기뻐하지 않으며, 죄를 지은 사람에게 벌을 주어도 벌이 합당하지 않아 죄지은 사람을 제압하지 못하는 것이다.

나라에 이러한 일곱 가지 재앙이 있으면 그 나라는 반드시 망할 것이며, 아무리 성을 지키고 방어한다 해도 적이 공격해 오면 그 나라는 반드시 적에게 넘어갈 것이다.

식량은 나라 살림의 근본이다

무릇 오곡(五穀, 쌀·보리·콩·조·기장)이란 백성이 생존하는 토대로서 군주는 오곡으로 백성들을 부양한다. 따라서 백성들이 생존의 토대를 잃으면 군주는 백성을 부양할 수 없게 되며, 백성들에게 먹일 것이 없으면 백성을 부릴 수 없게 된다. 그러니 군주는 먹을 것에 대해 힘쓰지 않을 수 없고, 땅을 힘써 경작하지 않을 수 없으며, 물건을 사용할 때는 절약하지 않을 수 없다.

다섯 가지 곡식 가운데 한 가지 곡식의 수확이 안 되는 것을 '흉년[근(饉)]'이라고 하고, 두 가지 곡식의 수확이 안 되는 것을 '가뭄[한(旱)]'이라 하며, 세 가지 곡식의 수확이 안 되면 '재난[흉(凶)]'이라고 한다. 네 가지 곡식이 걷히지 않으면 '굶주림[귀(饋)]'이라고 하며, 오곡이 전부 수확되지 않으면 '굶어 죽음[기(饑)]'이라 한다.

흉년이 들면 대부(大夫) 이하의 벼슬하는 사람들은 모두 녹봉의 5분의 1을 줄이고, 가뭄이 들면 5분의 2를 줄이며, 재난이 들면 5분의 3을 줄인다. 굶주림이 들면 5분의 4를 줄이고, 굶어 죽는 피해가 오면 녹봉을 아주 없애고 약간의 곡식만을 준다.

또한 나라에 흉년이 들어 굶어 죽는 이가 생겨나면 군주는 먹던 음식의 5분의 3을 줄이고, 대부는 악기를 치우며, 선비는 자식을 학교에 입학시키지 않는다. 또한 군주가 정사를 볼 때 입는 예복을 새로 만들지 않고, 심지어 외국 사신에게조차 식사만 대접할 뿐 성대한 잔치는 베풀지 않으며, 행차할 때도 간소하게 한다. 수레는 두 마리 말로만 끌게 하고, 길을 새로 닦지 않으며, 말에게 사람이 먹을 곡식을 먹이지 않고, 궁녀에게는 비단옷을 입지 않도록 했다. 이렇게 하는 이유는 모든 신하와 백성들에게 식량이 부족함을 철저하게 일깨워 주기 위함이다.

어떤 사람이 자식을 등에 업고 물을 긷다가 그만 자식을 물에 빠뜨렸다면 그 어미는 자식을 물속에서 빨리 꺼내려고 할 것이다. 흉작이라 기근이 들고 백성들이 굶주려 길거리에서 죽어가고 있다면 이것은 자식을 물에 빠뜨린 것보다 더 심각한 일이다. 그러니 어찌 살펴서 구하지 않을 수 있겠는가? 풍년이 들면 백성들이 어질고 또한 착해지지만 흉년이 들면 백성들이 인색하고 험악해진다. 그런데도 백성들이 어찌 변치 않는 마음을 지닐 수 있겠는가?

군주가 검소해야 나라가 부유해진다

옛날 사람들은 계절에 맞춰 재물을 생산하고 근본을 튼튼하게 한 뒤 재물을 썼기 때문에 재물이 넉넉했던 것이다. 제아무리 상고 시대의 성왕이라 하더라도 무슨 수로 오곡을 항상 넉넉하게 수확하고 가뭄이나 홍수가 일어나지 않도록 막을 수 있었겠는가? 그런데도 불구하고 추위에 떨고 굶주리는 백성이 없었던 이유는 무엇인가? 그들은 농사와 관련해서는 계절에 따라 알맞은 노력을 기울이고 자신이 먹고사는 일에 검소하여 사치를 하지 않았기 때문이다. 우왕(禹王) 때는 7년의 홍수가 있었고, 탕왕 때는 5년의 가뭄이 있었는데도 백성들이 추위에 떨거나 굶주리지 않았던 까닭은 재물을 생산하는 데 치밀했고 절약했기 때문이다.

그러므로 만일의 사태에 대비하는 것은 나라가 해야 할 중요한 일이다. 식량은 나라의 보배고, 병력은 나라의 발톱(짐승이 날카로운 발톱으로 싸우듯이 병력이 그렇다는 비유)이며, 성(城)은 자신을 방어하는 수단이다. 이 세 가지는 나라가 반드시 갖춰야 할 것이다.

그런데도 지금의 군주들은 공로도 없는 사람에게 지나친 상을 내리고 나라의 창고를 텅 비게 만들며, 수레와 말을 동원하고 화려한 옷을 차려 입으며, 아랫사람들을 괴롭히면서 궁궐을 크게 짓고 즐긴다. 살아서는 누각과 정자를 짓고 죽어서는 많은 돈을 들여 장사 지내게 하고 묘지를 치장하게 한다. 또한 백성을 각종 공사에 동원하여 괴롭히고, 창고의 재화는 바닥이 드러났건만 위에서는 쾌락을 탐하니 아래서는 괴로움을 견뎌내지 못한다. 이런 까닭에 나라는 적국의 침공으로 피해를 입고 백성들은 흉년과 기근으로 굶주리게 되는데, 이 모든 것이 평소에 대비를 하지 않은 나라의 죄다.

예로부터 성인들도 식량을 보배로 여겨서 《서경(書經)》〈주서(周書, 주나라의 역사책)〉에 이르기를 "나라에 3년 동안 먹을 양식이 없으면 그 나라는 나라가 아니며, 집안에 3년 동안 먹을 양식이 없으면 그 집안에 자식이 있다 하더라도 자식이라고 할 수 없다."라고 했는데, 이를 일컬어 국비(國備, 나라에서 하는 대비)라고 한다.

나라를 위기로 몰아넣고 멸망하게 하는 원인은 무엇일까? 옛날이나 지금이나 나라에 위기가 닥치고 나라를 멸망하게 하는 원인은 별다른 차이가 없는데, 묵자가 말하는 일곱 가지 재앙이 바로 그것이다. 이 일곱 가지 재앙은 나라를 운영하는 국정과 연결해 보면 보다 쉽게 이해할 수 있다.

당시에는 제후들 사이에서 전쟁이 끊이지 않았으니 가장 중요한 것이 적의 공격을 막을 수 있는 튼튼한 성곽과 방어 시설이었다(국방). 이와 더불어 다른 나라로부터 공격받았을 때 이웃나라의 도움을 받을 수 있도록 미리 우방을 만들어야 하고(외교), 백성들의 생업을 방해하는 갖가지 공사나 부역의 폐해를 방지해야 한다(노동). 또한 거둬들인 세금을 효과적으로 짜임새 있게 집행하고 체면치레에 국고를 낭비하지 않도록 해야 한다(재무). 그리고 주어진 역할에 책임을 다하는 관리들의 성실한 태도와 나라를 다스리는 자의 준법정신과 솔선수범이 필요하며(행정), 나라를 다스리는 자의 겸손하고 주도면밀하며 지혜로운 자세가 필요하다(리더십). 인정에 얽매이지 않고 실력과 인격을 고루 갖춘 관리를 뽑아 쓸 수 있는 공정한 인재 선발이 이루어져야 하고 (인사), 비상시를 대비한 식량의 안정적 확보(식량 자원 관리) 또한 필수적이다. 나아가서 받는 사람을 기쁘게 하고 더 분발하게 만드는 공평한 시상 제도와 두 번 다시 죄를 짓지 못하게 하는 엄격한 법의 집행과 상벌(법치) 역시 빠져서는 안 된다. 이러한 것들이 나라를 관리하는 핵심 요소들이며 이것들이 제대로 시행되지 않을 때 나라는 위기에 빠지고 멸망에 이른다.

묵자의 일곱 가지 재앙은 현대 국가나 대규모 기업 집단에도 그대로 적용될 수 있다. 우리의 역사를 돌이켜 보더라도 위에서 말한 것들이 충족되지 않는 경우에는 그 나라가 멸망의 길을 걸었음을 쉽게 찾을 수 있다. 그러므로 묵자가 말한 일곱 가지 재앙의 위험성은 아무리 강조해도 지나치지 않다.

4. 사과(辭過) - 사치와 허례허식을 하지 마라

사과란 '지나침을 사양한다.'라는 뜻이지만, 여기서는 '사치와 허례허식을 하지 않는다.'라는 뜻으로 이해하는 것이 좋다. 묵자는 당시의 통치자와 귀족들의 사치와 허례허식을 신랄하게 비판한다. 궁실을 지을 때, 옷을 만들 때, 음식을 먹을 때, 배나 수레를 만들 때, 첩(妾)을 둘 때 등 구체적인 경우를 들며 사치와 낭비를 줄이고 절제해야 나라가 안정되고 백성들이 굶주림에서 벗어날 수 있다고 강조했다.

집은 살기 편하도록 지으면 그것으로 족하다

옛날에 백성들이 집을 지을 줄 모를 때는 높은 언덕에 굴을 파서 살았기에 땅속에서 나오는 습기가 백성들을 상하게 했다. 그래서 성왕이 나타나 집을 짓게 했는데 그 방법은 이렇다.

집의 높이는 습기를 피할 수 있으면 되고, 벽은 바람과 추위를 막을 수 있으면 되며, 지붕은 눈과 서리와 비와 이슬을 막을 수 있으면 되고, 담장의 높이는 남녀 사이에 예를 갖출 수 있으면 되었다. 이 정도에 그침으로써 재물과 노력을 들이되 백성들의 삶에 보탬이 되지 않을 일은 하지 않았다. 일정한 부역으로 성곽을 수리한다면 백성들이 고생을 한다고 해도 피해는 입지 않는다. 일정한 기준으로 세금을 거둔다면 백성들은 돈을 내긴 해도 고통받지는 않는다. 백성들이 괴로워하는 것은 부역에 동원하고 세금을 거두는 그 자체에 있는 것이 아니라, 호화로운 공사를 위해 백성들에게서 세금을 가혹하게 걷고, 백성들을 혹독하게 부리는 데에 있다.

성왕이 집을 지은 것은 살기 편하도록 하기 위한 것일 뿐, 보고 즐기려는 것이 아니었다. 옷이나 허리띠, 신발을 만들 때도 몸에 편리하도록 했을 뿐이지 괴상한 치장을 하지는 않았다. 이렇게 성왕 자신부터 절약하여 백성들을 가르쳤다. 그래서 천하의 백성들을 다스릴 수가 있었고 쓸 재물도 충분했던 것이다.

그런데 옛 성왕들과는 달리 지금의 군주들은 호화로운 궁전을 짓기 위해 백성들에게서 많은 세금과 재물을 거둬들이고, 백성들이 먹고 입어야 할 재물을 빼앗아다가 궁실과 누각을 꾸미고, 갖가지 색으로 칠하고 조각으로 장식한다. 이러니 신하들도 모두 군주를 따르게 되어, 흉년이나 기근에 대비하고 고아나 과부들을 구제하려고 해도 나라에는 재물이 부족하다. 따라서 나라는 가난해지고 백성들을 다스리기 어려워진다. 군주가 진실로 천하를 제대로 다스리려 하고 혼란을 싫어한다면 궁실을 지을 때 마땅히 절약해야 한다.

옷은 입기에 편하게 만들면 그것으로 족하다

옛날에 백성들이 옷을 만들 줄 모를 때는 짐승의 가죽을 옷 대신 입고, 마른풀로 띠를 둘러썼다. 겨울옷은 가볍지만 따뜻하지 않았고, 여름옷도 가벼우나 시원하지는 않았다. 이에 성왕께서는 그것이 실정에 맞지 않는다고 생각하여 여자들에게 삼베를 다루고 무명과 비단 짜는 법을 가르쳐 백성들의 옷 만드는 법도를 마련했다.

겨울에는 비단으로 만든 속옷을 입어 편하고 따뜻하게 하고, 여름에는 베로 만든 속옷을 입어 가볍고 시원하게 하는 정도로 그치게 했다. 그러므로 성인께서 의복을 마련할 때는 몸에 맞고 피부와 조화를 이루면 되었지 화려하게 만들어서 백성들에게 자랑하려고 한 것이 아니었다. 이 시대에는 튼튼한 수레나 좋은 말의 귀중함을 알지 못했고, 무늬를 새기고 채색하는 것도 좋은 것인지 몰랐다. 어째서 그랬는가? 성인이 백성을 그렇게 가르치고 이끌었기 때문이다.

그러나 지금의 군주들이 옷을 만드는 것을 보면 이와 다르다. 겨울에는 편하고 따뜻하게, 여름에는 편하고 시원하게 모두 갖추고 있다. 하지만 군주들은 백성들에게서 많은 세금을 거두고, 백성들의 재물을 함부로 빼앗아서 각종 무늬와 색깔로 수를 놓은 비단으로 화려하게 옷을 만들고, 금을 녹이고 부어서 허리띠의 고리를 만들며, 붉은 옥으로 몸에 차는 패물을 만들어 장식한다. 여자들은 무늬와 색으로 수를 놓고, 남자들은 무늬를 새겨 몸에 걸칠 옷을 만든다. 이는 몸을 따뜻하게 하는 데 도움을 주는 것이 아니라, 재물을 소비하고 노동력을 쓸데없이 허비하는 일이다.

이렇게 되면 옷을 만드는 이유가 몸을 위한 것이라기보다는 좋게 보이기 위한 것이 된다. 그래서 백성들은 지나치게 음탕하고 간사해져서 다스리기 어려워지고, 군주는 사치스러워져서 신하들이 간언하기 어려워진다. 사치스런 군주가 음탕하고 간사한 백성들을 다스리는 것이니 나라가 어지러워지지 않을 수 없다. 군주가 진실로 천하를 제대로 다스리려 하고 그 혼란을 싫어한다면 옷을 만들 때 마땅히 절약하지 않으면 안 된다.

음식은 몸을 튼튼히 하고 배부르게 하면 그것으로 족하다

옛날에 백성들이 음식을 만들어 먹을 줄 모를 때는 날것으로 먹고는 각자 흩어져 살았다. 그래서 성인께서 남자들로 하여금 밭을 갈고 씨 뿌리며 가꾸는 방법을 가르쳐서 백성들이 먹을 것을 직접 마련하도록 했다. 그리고 백성들에게 그것을 먹여서 기운을 북돋우고 허기를 채우며 몸을 튼튼히 하고 배를 부르게 했다. 그러고 나자 백성들은 쓰는 재물을 절약하고 자신들이 먹고사는 데에서도 검소하여 부유해지고 나라는 잘 다스려졌다.

그러나 지금은 그렇지 않다. 백성들로부터 많은 세금을 거두어 맛있는 음식을 만든다. 소나 양, 개나 돼지의 고기를 찌거나 굽고, 심지어 물고기와 자라까지 그렇게 한다. 큰 나라는 백 개의 그릇을 쌓아 올리고, 작은 나라는 열 개의 그릇을 쌓아 음식을 사방에 넓게 펼쳐 놓는다. 눈으로는 음식들을 두루 살펴볼 수가 없고, 손으로는 다 집을 수가 없으며 입으로는 다 맛볼 수가 없다. 그래서 겨울에는 남은 음식이 얼어붙고, 여름에는 쉬어버린다. 군주가 음식을 이와 같이 대하니 주변의 신하들도 마찬가지로 행동한다. 이러니 부귀한 자는 사치스럽고 고아나 과부는 헐벗고 굶주리게 된다. 군주가 진실로 천하를 잘 다스리려 하고 혼란을 싫어한다면 음식을 먹는 데서도 절제하지 않으면 안 된다.

배와 수레는 무거운 짐을 옮길 수 있으면 족하다

옛날에 백성들이 배와 수레를 만들 줄 몰랐을 때는 무거운 짐을 옮길 수 없었고 먼 길을 가지도 못했다. 그래서 성인이 배와 수레를 만들어 백성들의 일을 편하게 해 주었는데, 만든 수레는 완전하고 튼튼하며 가볍고 편리하여 무거운 짐을 싣고 멀리까지 갈 수 있었다. 쓰인 재료가 적게 들어도 이익은 높았기 때문에, 백성들은 즐겁게 배와 수레를 이용했다. 그리하여 법령은 서두르지 않아도 실행되었고, 백성들이 수고롭게 일하지 않아도 임금은 쓰기에 족했으므로 백성들은 임금을 따르고 의지했다.

그러나 지금의 군주들이 배와 수레를 만드는 것은 이와 다르다. 완전하고 튼튼하고 가볍고 편리한 점은 모두 갖추어져 있으나 백성들로부터 많은 것을 거두어서 배와 수레를 장식한다. 수레는 무늬와 채색으로 장식하고, 배는 조각으로 장식한다. 여자들은 길쌈하는 일을 제쳐두고 배와 수레에 무늬와 채색으로 장식하는 일에 힘쓰니 백성들은 옷이 부족해 추위에 떨게 된다. 남자들은 배와 수레에 조각으로 장식하는 일을 해야 하니 밭을 갈거나 씨 뿌리는 일을 하지 못하게 되어 가을이 되면 백성들은 굶주리게 된다.

군주의 배와 수레를 장식하는 것이 이와 같으므로 신하들도 그것을 따라하고 그런 까닭에 백성들은 굶주리고 추위에 떠는 일을 한꺼번에 겪는다. 이렇게 되면 백성들은 간사해지고 간사한 자들이 많아지면 형벌도 무거워진다.

또한 형벌이 무거워지면 나라가 혼란스럽게 된다. 군주가 진실로 천하가 잘 다스려지길 바라고 혼란을 싫어한다면 수레와 배를 만드는 것에서도 절제하지 않으면 안 된다.

군주가 노비와 첩을 두는 데에도 절제가 필요하다

하늘과 땅 사이, 온 천하에 두루 존재하는 것들 가운데 음양의 조화를 이루지 않은 것이 없다. 비록 성인이라 하더라도 이것을 바꿀 수는 없다. 왜 그러한지를 아는가? 성인께서는 하늘과 땅에 대해서는 위와 아래를, 사계절에 대해서는 음과 양을, 사람에 대해서는 남자와 여자를, 짐승에 대해서는 암컷과 수컷을 말씀하셨다. 이것은 하늘과 땅 사이에 자연적으로 타고난 본성이다.

옛날 최고 경지에 이른 성인들도 개인적으로 부리는 사람을 두긴 했지만 그로 인해 행실을 손상시키는 일은 없었다. 그러므로 백성들이 원망하지 않았다. 궁궐에는 갇혀 있는 여인들이 없으므로 세상에는 홀아비가 없었고, 안에는 갇힌 여자들이 없고 밖에는 홀아비가 없으니 자연히 백성들의 숫자도 많아졌다.

지금의 군주들은 사사로이 부리는 사람을 두는데, 큰 나라는 궁녀의 숫자가 수천 명에 달하고, 작은 나라라도 수백 명에 이른다. 이런 까닭에 세상의 남자들이 홀아비가 되어 아내가 없는 사람이 늘어나고 여자들은 궁궐에 갇혀서 남편이 없는 여자가 많아진다. 남녀가 혼인할 시기를 놓치니 자연히 백성들의 수도 적어진다. 군주가 진실로 백성들이 많아지길 바라고 적어지는 것을 싫어한다면, 노비와 첩을 두는 것에서도 반드시 절제하지 않으면 안 된다.

이상의 다섯 가지(집, 옷, 음식, 배와 수레, 노비와 첩)에 대해 성인들은 검소하고 절제할 줄 알지만 소인들은 그렇지가 않다. 검소하고 절제하면 크게 성장하고, 사치하고 무절제하면 멸망한다. 부부가 절제하면 천하가 조화롭고, 비와 바람이 절제되면 오곡이 잘 익으며, 의복을 절제하면 피부가 조화롭게 된다.

사과편에서 묵자는 예전의 성왕들과는 달리 그 당시 군주들이 호화로운 궁궐을 짓고, 귀한 보석과 화려한 색채로 의복을 장식하고, 일일이 다 먹어 보지도 못할 만큼 많은 종류의 음식을 차리고, 배와 수레에 장식을 하고, 수많은 노비와 첩을 두기 위해 백성들의 재물과 노동력을 낭비하는 것을 비판한다. 그러면서 나라를 제대로 보전하려면 검소함과 절제가 중요하다는 점을 일깨우고 있다.

여기서 묵자가 주장하는 것은 절제의 미덕이다. 집을 짓든 옷을 만들든 음식을 먹든, 적절하고 필요한 만큼만 사용해야지 불필요하게 낭비하거나 사치해서는 안 된다는 것이다. 여름에는 베로 만든 속옷을 입어 가볍고 시원하면 되고, 겨울에는 비단으로 만든 따뜻하고 가벼운 옷을 입어 피부와 조화를 이루면 되는 것이지 화려하게 수를 놓거나 장식을 달고 요란한 색깔로 치장해서는 안 된다고 말한다.

생존을 위한 필수품이던 의식주가 오늘날에는 자기 과시와 멋 내기 수단으로도 이용되고 있다. 물론 묵자의 시대와는 달리 오늘날 생활은 많이 윤택해지고 물자도 예전보다 넉넉해졌다. 하지만 여전히 굶어 죽는 사람이 있고 헐벗고 거리에서 떠도는 사람이 있다는 것은 누구나 알고 있는 사실이다. 그러므로 묵자의 눈으로 바라본다면 오늘날의 자기 과시와 멋 내기 역시 사치스럽고 무절제한 것이다. 묵자도 말했듯이 집은 살기 위한 거처로서 손색이 없으면 되고, 옷은 추위를 피하기 위한 것이면 족하며, 음식은 배고픔을 달래 주면 족한 것이다. 우리가 절제하고 절약하여 남는 물품을 다른 필요한 사람들에게 베푼다면, 살기 좋은 세상은 앞당겨질 것이다.

墨子

제 2 부 _ 세상을 바꾸기 위한 열한 가지 주장

상현(尚賢)·상동(尚同)·겸애(兼愛)·비공(非攻)·절용(節用)·절장(節葬)·천지(天志)·명귀(明
鬼)·비악(非樂)·비명(非命)·비유(非儒)의 11편으로 세상을 바꾸기 위한 묵자의 열한
가지 주장이 담겨 있다. 이 부분은 사람들을 차별하지 말고 두루 사랑하라는 겸
애, 남의 나라를 침략하지 말라는 비공, 물자를 아껴 쓰라는 절용 등 묵자 사상의
진수를 보여 주고 있다.

1. 상현(尙賢)-현명한 사람을 숭상하라

상(尙)은 '숭상하다, 존경하다.'라는 뜻이고, 현(賢)은 '어질고 현명한 사람'을 말한다. 상현편에서 묵자는 인재를 등용하는 원칙을 말하고 있다. 현명한 인재를 등용하려면 혈연관계나 신분의 높고 낮음을 떠나, 사회의 각계각층에서 재능이 있고 학식과 인격을 갖춘 사람들을 널리 찾아야 한다고 주장한다. 이와 더불어 능력도 없으면서 자리만 차지하고 있는 무능한 관리를 추방할 것도 주장한다.

현명한 이를 숭상하는 것이 정치의 근본이다

지금 군주나 대신과 같이 나라를 다스리는 사람들은 모두 나라가 부유해지고 백성들의 숫자가 많아지며 정치가 잘 되기를 바란다. 하지만 나라는 부유하지 못하고 가난하며 백성들의 숫자는 많아지지 않고 오히려 줄어들며 정치는 잘 되지 않고 혼란하니, 이는 군주와 대신들이 바라는 것을 잃고 싫어하는 것을 얻은 것이다.

그 이유는 무엇인가? 그것은 나라를 다스리는 사람들이 현명한 이를 숭상하거나 능력 있는 사람을 등용하여 정치를 하지 않았기 때문이다. 나라에 현명하고 훌륭한 선비가 많으면 그 나라는 잘 다스려지게 되고, 현명하고 훌륭한 선비가 적으면 나라의 정치는 각박해진다. 그러므로 정치하는 사람들이 힘써야 할 것은 현명한 사람들이 많아지게 하는 것이다. 현명한 사람들이 많아지게 하려면 어떻게 해야 하는가? 만일 그 나라에 활을 잘 쏘고 수레를 잘 모는 사람들이 많아지길 바란다면, 그런 사람들을 부귀하게 해 주고 공경하며 명예롭게 해 주어야 한다. 그래야만 나라에 활 잘 쏘는 사람과 수레 잘 모는 사람들이 많아질 것이다.

현명하고 훌륭한 선비는 덕행이 두텁고 말솜씨가 훌륭하며 법도를 잘 아는 사람이니 마땅히 그에 맞게 대우해야 하지 않겠는가! 이런 사람들은 나라의 보배요 사직(社稷, 원래 토지신과 곡물신을 의미하는 말로 국가의 기틀을 말함)을 지키는 사람들이다. 그러니 이들을 반드시 공경하고 부귀와 명예로 대접해 주어야 한다. 그래야만 나라에 훌륭한 선비들이 많아질 것이다.

옛날의 훌륭한 임금들은 정치할 때 "의롭지 않은 자를 부유하게 해 주어서는 안 되고, 의롭지 않은 자를 귀하게 해 주어서도 안 되며, 의롭지 않은 자를 친애해서도 안 되고, 의롭지 않은 자를 가까이해서도 안 된다."라고 했다. 이 말을 듣고 그 나라의 부귀하게 사는 사람들이 서로 "처음에 우리가 믿은 것은 부귀였다. 그런데 지금 임금께서는 의로운 사람이라면 비천함을 가리지 않고 등용하시니 우리도 의로움을 행하지 않을 수 없다."라고 했다.

또한 임금과 가까운 사람들은 임금의 말을 듣고 서로 말하기를 "우리가 처음에 믿은 것은 친함이었는데, 임금께서는 의로운 사람이라면 그 관계가 멀고 가까운 것을 가리지 않고 등용하신다. 그러니 우리도 의로움을 행하지 않을 수 없다."라고 했다. 임금과 멀리 있던 사람들도 서로 의논하여 말하기를 "우리가 처음에는 임금과 관계가 멀어 믿을 게 없다고 생각했는데, 임금께서는 관계가 멀다고 해도 의로운 사람이라면 가리지 않고 등용하신다. 그러니 우리도 의로움을 행하지 않을 수 없다."라고 했다.

이렇게 해서 도성에서 멀리 떨어진 변경의 신하들, 관리들의 서자(庶子), 일반 백성, 먼 곳에 사는 농부들까지 모두 의를 행하게 되었으니 그 까닭이 무엇이겠는가? 그것은 바로 임금이 백성을 다스리는 방법이나 백성이 임금을 섬기는 방법이 한 가지뿐이기 때문이다. 이는 마치 부자가 높은 담과 깊은 집을 갖고 있으면서 문을 하나만 만들어 놓으면, 도둑이 들어왔을 때 문을 닫고 도둑을 찾으면 도둑이 나갈 수 없는 것과 같다. 방법이 하나밖에 없다는 것은 임금이 그런 요령을 터득했다는 말이다.

그래서 옛날의 성왕들은 정치를 하면서 덕망이 있고 현명한 사람들에게 벼슬을 주고 존중했다. 비록 농업이나 상공업에 종사하더라도 능력만 있으면 등용하여 높은 벼슬과 녹봉을 주고, 나라의 중요한 직책을 맡겨 결정을 내리고 명령할 권한을 주었다. 그래서 말하기를 "벼슬자리가 높지 않으면 백성들이 존경하지 않고, 받는 녹봉이 많지 않으면 백성들이 신임하지 않으며, 정령(政令, 정치적인 명령이나 법률)을 과감히 내리지 못하면 백성들이 두려워하지 않는다."라고 했다.

현명한 사람들에게 이 세 가지, 벼슬과 부귀와 권한을 주는 이유는 그들에게 상을 주기 위해서가 아니라 나라를 잘 다스리기 위해서다. 그래서 성왕의 시절에는 덕에 따라 벼슬에 오르고 관직에 따라 일을 맡아 수행하며, 노력한 만큼 상이 결정되었고 공로를 헤아려 녹봉이 분배되었다. 그러니 관직에 있다고 해서 언제나 부귀한 것은 아니었고, 천한 백성이라고 해서 죽을 때까지 천하기만 한 것이 아니었다. 능력이 있으면 등용되고 능력이 없으면 그 자리에서 밀려났다. '공정한 의로움에 의해 등용하되 사사로운 원한은 피한다.'라고 했으니 이를 두고 한 말이다.

옛날 요임금, 우왕, 탕왕, 문왕(文王) 등은 신분의 귀천을 따지지 않고 훌륭한 인재를 찾아 등용했는데, 이 시절에는 비록 많은 녹봉을 받는 높은 지위의 신하라 하더라도 공경하고 조심하여 두려워하지 않는 사람이 없었고, 비록 농업이나 상공업에 종사하는 사람이라 해도 서로 부지런하게 덕을 권하면서 숭상했다.

선비란 군주를 보필하는 대신이 되거나 대신의 자리를 이어받는 사람이다. 그러므로 군주가 현명한 선비를 얻으면 정치를 위한 다양한 계략과 방책이 없어 곤란해지지도 않고 몸도 수고롭지 않게 된다. 또한 현명한 선비를 얻으면 명성도 얻게 되고 공로도 이루며, 아름다움이 드러나고 악한 일이 생기지 않는다. 그러므로 천하를 다스리려는 뜻이 있는 군주라면 나라를 제대로 다스리기 위해 현명한 선비를 등용하지 않을 수 없고, 그런 뜻이 없는 군주라 하더라도 현명한 선비를 등용하지 않을 수 없다. 만일 요임금, 순임금, 우왕, 탕왕 같은 훌륭한 임금들의 도를 숭상하고 본받고자 한다면 반드시 현명한 사람을 숭상해야 한다. 현명한 사람을 숭상하는 것이 정치의 근본이다.

인재는 차별 없이 등용하라

옛날 훌륭한 임금들은 현명한 사람을 존중했고 능력에 따라 등용했는데, 부모 형제라 해도 감싸주지 않았고 부귀한 사람이라고 우대하지 않았으며 아첨하는 사람을 쓸데없이 편애하지도 않았다. 어떤 사람이 현명하다면 가리지 않고 등용하여 높은 벼슬을 주고, 녹봉을 후하게 주어 부유하게 해 주고, 높은 지위를 주어 귀하게 해 주었으며 관청의 우두머리로 삼았다. 또한 못난 사람은 파면시켜 녹봉을 깎아 가난하게 만들고, 지위를 낮춰서 천하게 했으며 비천한 일을 하는 일꾼으로 삼았다. 그러자 모든 백성이 상을 받기 위해 힘쓰고 형벌을 두려워하며 서로가 현명한 사람이 되려고 했다.

그런 다음 훌륭한 임금들은 현명한 사람들의 말과 행실을 살펴서 알아보고 능력에 따라 신중하게 벼슬을 주었는데, 이것이 바로 능력 있는 사람을 부리는 방법이다. 능력에 따라 나라와 관청, 고을을 다스리기에 적합한 사람을 그 자리에 맞게 임명했는데, 그들 모두가 현명한 사람들이었다.

현명한 사람들이 나라를 다스리면 일찍 조정에 나가 늦게까지 정사를 돌본다. 그렇게 해서 범죄를 다스리고 정치에 힘쓰므로 나라가 잘 다스려지고 형벌이 바로잡힌다. 또한 그들이 관청의 우두머리가 되면 밤늦게 자고 아침 일찍 일어나 관문(국경을 통과하는 문), 시장, 산림, 연못, 다리에서 이로운 재물을 거두어서 관청의 창고가 가득 차므로 관청이 충실해지고 재물이 쌓인다. 또한 고을 수령 역시 일찍 출근하고 늦게까지 일하며 사람들이 부지런히 밭을 갈고 씨 뿌리며 나무를 가꾸고 농사를 짓도록 하기 때문에 거두는 곡식도 풍부해져서 식량이 많아지고 살림이 넉넉해진다. 이렇듯 나라의 형벌이 바로잡히고 관청의 창고가 충실해지면 백성들 모두가 부유해진다. 그 결과 위로는 깨끗한 술과 제물을 장만하여 하늘과 귀신에게 제사를 지내며, 밖으로는 겉옷과 비단 등의 예물을 보내 이웃나라 제후들과 친하게 지내고, 안으로는 굶주리는 사람들을 먹이고 수고한 사람들을 쉬게 해 준다. 이렇게 백성들을 보살피고 부양하면, 백성들은 자연히 천하의 현명한 사람들을 따르게 된다.

군주가 이렇게 정치를 해 나간다면 위에서는 하늘과 귀신이 부유하게 해 주고, 밖에서는 이웃나라의 제후들이 편들어 주며 모든 백성과 친하게 되고 현명한 이들이 군주에게로 돌아가 의지한다. 옛날 하은주 삼대의 요임금, 순임금, 우왕, 탕왕, 문왕, 무왕 같은 성왕들이 천하를 잘 다스리고 제후들의 우두머리가 된 것은 바로 이런 방법을 잘 활용했기 때문이다.

지금의 군주와 대신들도 옛사람들을 본받아 현명한 사람들을 존중하고, 능력 있는 사람들을 등용하여 정치를 하면서도 높은 벼슬자리만 주고 녹봉은 제대로 주지 않고 있다. 벼슬자리는 높은데 녹봉이 없으면 백성들은 군주를 믿지 않는다. 백성들은 "군주가 우리를 진심으로 사랑하는 것이 아니라, 단지 빌어서 쓰는 것이다."라고 말한다. 그렇게 대우받는 백성들이 어떻게 군주와 친해질 수 있는가? 만일 현명한 사람들이 군주와 귀족들 곁에 모이지 않는다면 어리석은 사람들만 좌우에 남게 될 것이다.

무능하고 아첩하는 사람에게 벼슬을 주면 나라를 망친다

어리석은 사람들이 좌우에 남게 되면 현명한 사람들에게 상과 영예가 주어지지 않고, 포악한 자들에게 벌을 주지 않으면 현명한 사람들이 등용되지 못하고 포악한 자들의 횡포를 제지할 수 없다. 그런 사람들은 집에 들어와도 부모를 사랑하거나 효도하지 않을 것이며, 밖에서는 윗사람에게 함부로 대할 것이다. 몸가짐에 절도가 없고, 출입하는 태도에서도 법도가 없으며 남녀의 분별도 없게 된다.

그들에게 관청의 일을 맡기면 도적질을 하고, 성을 지키라고 하면 배반하며, 군주가 어려움에 처해도 목숨을 바쳐 지키지 않고, 군주가 다른 나라로 망명해도 따라가지 않는다. 그들에게 형벌을 처리하게 하면 공정하게 처리하지 못하고, 재물을 나눠 주게 하면 골고루 나눠 주지 못할 것이다. 그들과 일을 도모하면 뜻대로 되지 않고, 일을 시작해도 성공하지 못한다. 또한 안으로 나라를 지키는 일에서도 튼튼하게 하지 못하고, 밖으로 다른 나라와 싸우는 일에서도 강력하지 못하다.

옛 삼대의 폭군으로 알려진 걸왕, 주왕, 여왕(厲王), 유왕(幽王) 같은 이들이 자신의 나라를 망하게 하고 사직을 무너지게 한 것은 모두 이 때문이다. 왜냐하면 이들은 모두 작은 일에는 밝았으나 큰 일에는 밝지 못했기 때문이다.

지금의 군주와 대신들은 직접 옷 한 벌도 못 만드니 훌륭한 재단사에게 힘을 빌리고, 소나 양 한 마리도 못 잡으니 훌륭한 백정에게 의존한다. 이런 두 가지 일에서는 현명한 사람들을 숭상하고 능력 있는 자들을 기용할 줄 알면서 정작 나라의 혼란이나 사직이 무너지는 위험이 닥쳐왔는데도 능력 있는 사람을 부려 나라를 다스리려고 들지 않는다. 오히려 아무 공도 없이 부귀해지거나 아첨하는 자들을 기용하니 어찌 이를 지혜롭고 현명하다고 할 수 있겠는가? 만일 그들로 하여금 나라를 다스리게 한다면, 이는 어리석은 자들이 국가를 다스리게 하는 꼴이 되므로 국가가 혼란해지는 것은 이미 내다보이는 일이다.

또한 지금의 군주와 대신들은 아첨하는 자들의 겉모습만 좋아하여 그 사람의 지혜는 살펴보지도 않고 그를 아끼고 사랑한다. 그래서 백 명도 다스리지 못하는 사람에게 천 명을 다스리는 벼슬자리에 앉게 하고, 천 명도 다스리지 못하는 사람에게 만 명을 다스리는 벼슬자리를 준다. 천 명도 다스리지 못하는 사람에게 만 명을 다스려야 할 벼슬자리를 주면 그가 받은 벼슬은 그가 가진 능력의 열 배가 되는 것이다. 그러나 나라를 다스리는 방법은 오랜 세월에 걸쳐 만들어지는 것이니 그 세월이 하루아침에 열 배로 늘어날 수는 없다. 또한 지혜로써 나라를 다스려야 하는데, 지혜도 역시 하루아침에 열 배로 늘어날 수는 없다. 그럼에도 불구하고 능력의 열 배에 달하는 벼슬자리를 준다면 그것은 하나만 다스리고 나머지 아홉은 버리는 것이다. 비록 밤낮없이 관직을 수행해 나간다고 해도 제대로 다스려지지 않을 것이다.

이렇게 되는 까닭은 무엇일까? 그것은 군주와 대신들이 현명한 사람을 숭상하고 능력 있는 사람을 등용하여 나라를 다스려야 하는 것을 알지 못하기 때문이다. 그렇기 때문에 현명한 사람을 숭상하고 능력 있는 사람을 기용하면 나라가 잘 다스려지고, 현명한 사람을 무시하고 정치를 하면 나라가 혼란해진다고 말하는 것이다. 그런데 지금 군주와 대신들은 진실로 나라를 잘 다스리고 지키고자 하면서 어째서 현명한 사람을 숭상하는 것이 정치의 근본임을 돌아보지 않는가? 현명한 사람을 숭상하는 것이 정치의 근본이라는 것이 어찌한 사람만의 말이겠는가? 이것은 성왕의 큰 도이며 옛날 훌륭한 임금들의 책에도 쓰여진 말이다. 옛글에 전하기를 "훌륭한 군주와 현명하고 똑똑한 사람을 구하여 자신을 보좌하게 하라."라고 했고,《서경》〈탕서(湯書)〉에도 전하기를 "드디어 위대한 성인을 구하여 그와 더불어 몸과 마음을 다해 천하를 다스렸다."라고 했는데, 이는 성왕이 현명한 사람을 숭상하고 능력 있는 사람을 부려 정치를 했다는 것을 말한다. 그래서 그 시대에는 천하의 모든 사람들이 이익을 얻었다.

옛날 순임금은 밭을 갈고 질그릇을 굽고 고기잡이를 하던 사람이었는데, 요임금이 그를 찾아내서 등용하여 천자로 삼고 정치를 맡겨 천하의 백성을 다스리게 했다. 이윤은 유신(有莘)이라는 제후의 딸이 거느린 시종으로 요리사 노릇까지 한 사람이었으나, 탕왕이 그를 발견하고 재상으로 등용하여 천하의 백성들을 다스리게 했다. 부열(傅說)은 베옷을 입고 새끼줄을 허리에 매고 담을 쌓는 일을 하고 있었는데, 은나라의 무정왕(武丁王)이 그를 발견하고 삼공(三公)으로 삼은 다음 천하를 다스리게 했다. 이들은 어떻게 처음에 천한 신분이었다가 갑자기 귀해지고, 가난했다가 갑자기 부유하게 되었는가? 그것은 임금과 대신들이 현명한 사람을 숭상하고 능력 있는 사람을 통해 정치를 할 줄 알았기 때문이다. 그래서 백성들은 굶주리면서 양식을 구하지 못하거나, 헐벗으면서 옷을 구하지 못하거나, 수고하면서 쉬지 못하는 일이 없었고, 군주는 나라가 어지러워서 다스리지 못하는 일이 없었다.

하늘로부터 상을 받은 왕과 벌을 받은 왕

그렇다면 부귀하고도 어진 정치를 하여 하늘로부터 상을 받은 사람은 누구인가? 그들은 옛날 성왕인 요임금, 순임금, 우왕, 탕왕, 문왕, 무왕이다. 그들이 상을 받은 까닭은 무엇인가? 그 이유는 그들이 천하를 다스리면서 백성을 똑같이 사랑하고 모두를 이롭게 했으며, 또한 천하의 모든 백성을 이끌고 하늘을 높이 받들고 귀신을 섬기며 모든 백성을 사랑하고 이롭게 했기 때문이다. 이런 까닭에 하늘과 귀신이 상을 주고 천자로 세워 백성들의 부모가 되게 했다. 모든 백성들이 따랐고 기려서 말하기를 '성왕'이라 했는데, 지금까지도 끊이지 않고 그러하다. 이것이 바로 부귀하면서도 어진 정치를 행하여 하늘로부터 상을 받은 경우다.

그렇다면 부귀하면서도 포악한 정치를 해서 벌을 받은 사람은 누구인가? 옛날 삼대의 난폭한 왕이었던 걸왕, 주왕, 여왕, 유왕 같은 왕들이다. 그들은 정치를 하면서 모든 사람들을 미워했고 모두를 해롭게 했다. 또한 천하의 백성들을 거느리고서 하늘을 욕하고 귀신을 모욕했으며 모든 백성을 천대하고 업신여겼다. 그런 까닭에 하늘과 귀신이 벌을 내려 그들의 몸은 죽어서도 갈갈이 찢기는 형을 당했으며, 자손들은 사방으로 흩어지고 집안은 멸망하여 후손은 끊어지기에 이르렀다. 모든 백성들이 이들을 비난하여 말하기를 '포악한 왕[폭왕(暴王)]'이라 했는데, 지금도 그 악명이 끊이지 않고 있다. 이것이 바로 부귀하면서도 포악한 정치를 했기에 천벌을 받은 예다.

그렇다면 친근하면서도 선하지 않아 벌을 받은 사람은 누구인가? 옛날의 백곤(伯鯀, 우왕의 아버지인 곤) 같은 사람이다. 그는 천자의 맏아들이면서도 천자의 덕을 저버림으로써 결국 우산(羽山)의 들판에서 형벌을 받게 되었다. 그곳은 햇빛도 비치지 않고 따뜻한 기운도 없는 곳인데다가 순임금도 그를 사랑하지 않았다. 이것이 바로 친근하면서도 선하지 않기 때문에 벌을 받은 예다.

그렇다면 하늘이 부리도록 한 능력 있는 사람이란 누구인가? 백이(伯夷), 우(禹), 직(稷) 같은 사람들이다. 《서경》에 다음과 같이 전해지고 있다. "요임금께서 백성들이 묘족(苗族)의 제후에 대해 불평이 많다는 것을 듣고 말하길 '여러 제후와 백성을 돌보는 사람들은 밝은 덕으로 법을 시행하여 홀아비와 과부 등 의지할 데 없는 사람들을 힘으로 누르지 말라.'라고 하여 덕으로 위엄을 떨치니 모두 두려워하고, 덕이 밝혀지니 모두 존중하게 되었다. 그래서 백이, 우, 직 세 사람들에게 명하여 진심으로 백성들을 위해 일하게 하니, 백이는 법을 바르게 펼쳐서 백성들을 형벌로써 잘 다스렸고, 우는 물과 땅을 다스려 산과 냇물의 이름을 지었고, 직은 씨 뿌리는 법을 널리 퍼뜨려 곡식을 생산하게 했다. 이 세 사람이 모두 성공했기에 백성들도 풍성해졌다."

이것은 바로 이분들이 말을 삼가고 행동을 신중히 하며 생각을 올바로 하여 천하에 숨겨진 작은 일들과 잃어버린 이익을 찾아 주었기에, 위로는 하늘을 섬겨 하늘이 그들의 덕을 가상히 여기고 아래로는 모든 백성들에게 베풀어 백성들이 이익을 평생토록 끊임없이 누린다라고 칭송한 것을 말한다. 또 《시경(詩經)》에 전하기를 "성인의 덕은 하늘처럼 높고 땅처럼 넓어 온 세상을 밝게 비추며, 또한 딱딱하게 굳은 땅이나 높이 솟은 산처럼 갈라지지도 무너지지도 않으며, 해처럼 비추고 달처럼 밝아서 천지와 함께 영원하다."라고 했는데, 이는 성인의 덕이 영원하다는 말이다.

지금 군주와 대신들이 천하를 다스리고 제후들을 바로잡고자 하는데, 덕과 의로움이 없다면 과연 가능하겠는가? 위세와 강제로 될 수 있겠는가? 왜 백성들을 사지로 몰아넣으려 하는가? 백성들은 살기를 바라고 죽음은 매우 싫어한다. 지금 천하의 왕이 되고 제후가 되어 천하 사람들의 믿음을 얻고 후세에까지 명성을 얻고자 한다면 현명한 사람을 숭상하는 것이 정치의 근본이라는 것을 살펴 깨달아야 한다. 이것은 성인들도 성실하게 행한 일이다.

지금 군주나 대신들에게 한 마리의 소나 양이 있는데 이것을 잡지 못한다면 반드시 훌륭한 백정을 찾을 것이다. 또한 옷감이 있으나 이 것으로 옷을 만들지 못한다면 훌륭한 재단사를 찾을 것이다. 이런 일이 생겼을 경우 비록 골육의 친분이 있다거나 연고가 있다거나 얼굴이 아름답고 호감이 간다 하더라도, 실제로 일을 처리할 능력이 없다는 것을 알면 군주나 대신들이 그들에게 일을 시키지 않을 것이다. 이것은 무엇 때문인가? 그 재료(소, 양, 옷감 등)들을 망칠까 두려워서다. 군주나 대신들은 이런 일이 닥쳤을 경우 곧 현명한 이를 숭상하고 능력 있는 사람을 쓰는 것을 잊지 말아야 할 것이다.

지금 천하의 선비와 군자들은 모두 부귀를 바라고 빈천을 싫어한다. 그렇다면 어떻게 부귀를 얻고 빈천을 피하겠는가? 현명해지는 것보다 더 좋은 방법은 없다. 그렇다면 현명해지는 길은 어떤 것인가? 힘이 있는 자는 부지런히 다른 사람을 돕고, 재물이 있는 자는 힘써 남에게 나눠 주고, 덕이 있는 자는 남에게 덕을 권하여 바른 삶을 가르치면 된다. 그러면 굶주리는 자는 먹을 것을 얻고, 추위에 떠는 자는 옷을 얻고, 나라를 어지럽히는 자는 다스려질 것이다. 이렇게 굶주리는 자가 먹을 것을 얻고, 추위에 떠는 자가 옷을 얻으며 나라를 어지럽히는 자들이 잘 다스려지는 것이 바로 백성들을 살리는 길이다.

지금 천하의 대신들이나 벼슬하는 사람들이 진심으로 인과 의를 행하려 하고, 훌륭한 선비가 되고자 하며, 위로는 성왕의 도에 걸맞고 아래로는 나라와 백성들의 이익에 걸맞기를 바란다면 천하가 평화롭게 되고 서민들이 풍요롭게 살 것이다. 이로써 가까운 사람들은 서로가 편안하고 멀리 있는 사람들은 돌아와 의지한다. 해와 달이 비치는 곳과 배와 수레가 닿는 곳, 비와 이슬이 내리는 곳과 곡식을 먹고사는 곳이라면 현명한 사람을 숭상해야 한다는 이 말에 대해 잘 살펴보아야 한다. 현명한 사람을 숭상하는 것은 하늘과 귀신과 백성들에게 이로울 뿐만 아니라 정치의 근본이다.

'인사(人事)가 만사(萬事)'라는 말이 있다. 그만큼 사람을 채용하고 각자의 능력에 맞추어 적절하게 배치하는 일이 어렵다는 의미다. 그래서 훌륭한 지도자는 그 자신이 뛰어난 사람이라기보다는 덕망과 실무능력이 있는 인재를 가려내어 알맞은 자리에 배치하고 능력과 자질에 맞게 보상과 대우를 해 줌으로써 그들이 실력과 재능을 마음껏 발휘하도록 만드는 사람이다. 신분과 지위가 낮아도 능력이 있으면 등용하고, 능력도 없으면서 자리만 차지하는 사람은 바꾸되 사사로운 원한이나 감정에 좌우되는 일이 없도록 공정해야 한다. 그래야 지도자의 결정에 대한 믿음이 생기게 되고 백성들도 자신의 능력을 발전시키려고 들 것이다.

'하늘을 공경하고 사람을 사랑하라.'라는 뜻의 경천애인(敬天愛人)이라는 말이 있다. 묵자는 이 상현편에서 경천애인을 실천한 왕들과 거스른 왕들이 어떤 결과를 맞이하는지 대조적으로 묘사하고 있다. 하늘의 뜻을 따르는 가장 좋은 방법은 훌륭한 인재를 뽑아서 활용하는 일이다. 그래서 현명한 사람, 즉 덕이 있는 그 분야의 전문가를 활용하는 것을 제1의 원칙으로 삼으라고 주장한다. 여기서 특히 명심해야 할 것은 혈연이나 지연에 얽매인 인물 등용과, 겉모습으로 사람을 판단하여 쓰는 일은 절대로 해서는 안 된다는 것이다. 묵자는 그릇된 인물을 등용하는 것이 나라를 혼란하게 만들고 나라를 망하게 만드는 원인이라고 경고한다.

물론 이런 주장은 유가에서도 하고 있다. 하지만 유가는 신분질서를 중시하여 선비 계층 중에서 현명한 사람을 뽑아 써야 한다고 주장한다. 그러나 묵자는 신분과 지위에 구애받지 않고 능력을 중심으로 뽑아 써야 한다는 점을 강조한다. 군주와의 친분이나 혈연 등이 끼어들면 바른 결정을 하기가 어렵다. 그래서 묵자는 옛날 성왕들의 예를 들어가면서 현명한 사람은 친척이나 이웃에 있는 것도 아니고 신분상으로 높은 위치에 있는 것도 아니라고 말한다. 묵자는 이렇게 현명한 사람을 먼저 찾아 등용하고 나서 선한 행동을 하는 사람에게 상을 주고 포악한 짓을 하는 사람에게는 벌을 주는 교화 정책을 펴 나간다면, 천하는 평화롭고 백성들은 부유하게 될 것이라고 생각했다.

2. 상동(尙同) - 백성들이 서로 하나가 되게 하라

상동은 '사람들의 뜻을 하나로 모아 일치시킨다.'라는 뜻으로, 묵자는 여기서 백성들의 화합을 강조하고 있다. 그리고 당시의 사회 혼란을 해결하는 방법으로 첫째 하늘의 뜻에 부합되는 정치 지도자가 되는 것, 둘째 백성들을 사랑하는 어질고 현명한 인재를 정치에 등용하는 것, 셋째 사회 구성원들 모두가 위와 아래의 구별 없이 화합할 것을 주장한다. 그리고 이를 실현하기 위해 의사 표명의 자유를 중시했는데 이것은 민주주의 사회의 기본권인 언론의 자유와도 서로 통한다고 하겠다.

훌륭한 지도자는 백성들의 뜻을 하나로 모은다

옛날 사람들에게 형정(刑政, 형벌의 법과 행정)의 가르침이 없었을 때, 사람들의 말은 각기 그 뜻이 달랐다. 한 사람이면 한 가지 뜻이, 두 사람이면 두 가지 뜻이 있었고, 열 사람이면 열 가지 뜻이 있었으며 사람들이 많아질수록 뜻도 많아졌다. 이 때문에 사람들은 저마다 자기의 뜻이 옳다고 하면서 남의 뜻은 비난하니 결국 서로를 비난하게 되었다.

집에서는 아버지와 아들, 그리고 형제들이 서로 원망하고 미워하면서 갈라서게 되었고, 서로 화합하지 못하고 함께하지 못하게 되었다. 백성들은 모두 물과 불, 독약으로 서로를 해쳤다. 남는 힘이 있어도 서로를 돕지 않고, 재물이 남아 썩어도 나눠 갖지 않았으며, 훌륭한 도를 지닌 사람들은 숨어 지낼 뿐 남에게 그것을 가르쳐 주지 않았다. 그래서 천하가 마치 새와 짐승이 뒤섞인 것처럼 혼란스러웠다.

이렇게 천하가 혼란해진 까닭은 지도자가 없기 때문이었다. 그래서 사람들은 천하의 현명한 사람을 선택하여 천자로 세웠다. 천자를 세웠으나 천자의 힘만으로는 모자라서 천하의 현명한 사람을 모은 뒤, 그 일에 알맞은 사람을 골라 삼공으로 삼고 천자를 돕도록 했다. 천자와 삼공이 선택된 뒤에도 천하는 넓고 큰데다 먼 나라, 다른 지방 백성들의 옳고 그름과 이해관계를 판단하고 구별하는 일은 한두 사람이 일일이 할 수가 없었다. 그래서 천하를 여러 나라로 나누어 각 제후국에 군주를 세웠다.

군주가 세워진 뒤에도 그 힘만으로는 부족하여 또 현명한 사람을 뽑아 대신들의 우두머리가 되게 했다. 대신들의 우두머리가 갖추어진 다음에 천자는 백성들에게 정령을 선포하여 이렇게 말했다. "좋은 말이든 나쁜 말이든 듣게 되면 모두 윗사람에게 알려라. 윗사람이 옳다고 여기는 것은 모두가 옳다고 여겨야 하며, 윗사람이 그르다고 여기는 것은 모두가 그르다고 여겨야 한다. 윗사람에게 잘못이 있으면 그것을 똑바로 충고하고, 아랫사람이 잘하는 것이 있으면 칭찬해 주어라. 위로는 윗사람과 뜻을 같이하고 아래로는 나쁜 사람들과 결탁하지 않는 사람은 윗사람이 상을 주고 아랫사람이 칭송할 만한 사람이다. 만약 좋은 말이든 나쁜 말이든 듣고도 그것을 윗사람에게 알리지 않으며, 윗사람이 옳다고 여기는 것을 옳다고 여기지 않고 윗사람이 그르다고 여기는 것을 그르다고 여기지 않으며, 윗사람에게 잘못이 있어도 똑바로 충고하지 못하고 아랫사람 중에 착한 사람이 있어도 찾아서 칭찬하지 못하고, 아래로 못된 사람들과 결탁하고 위로는 윗사람과 뜻을 함께하지 못하는 사람은 윗사람이 벌을 주고 백성들이 비난할 만한 사람이다. 윗사람은 사람들의 행동을 근거로 삼아 상과 벌을 주는 데 분명히 살피고 신중해야만 백성들에게 믿음을 줄 수 있다."

이장(里長)은 마을에서 가장 어진 사람이다. 이장은 마을 사람들에게 다음과 같이 말해야 한다. "좋은 말이든 나쁜 말이든 그것을 향장(鄕長)에게 알려라. 향장이 옳다고 하는 것은 모두가 그것을 옳다고 여겨야 하며, 향장이 그르다고 하는 것은 모두가 그르다고 여겨야 한다. 모든 사람이 선하지 않은 말은 버리고 향장의 선한 말을 배워야 하며, 선하지 못한 행동을 버리고 향장의 선한 행동을 배워야 한다."
이렇게 된다면 그 고을이 어찌 혼란스러워지겠는가?

고을이 잘 다스려지는 까닭은 무엇인가? 향장이 그 고을 전체 백성들의 뜻을 하나로 모을 수 있기 때문이다. 향장은 고을에서 가장 어진 사람이다. 향장은 고을의 백성들에게 정령을 선포하여 다음과 같이 말해야 한다. "좋은 말이든 나쁜 말이든 들은 사람은 반드시 그것을 군주에게 고하라. 군주가 옳다고 하는 것은 모두가 옳다고 여겨야 하고, 군주가 그르다고 하는 것은 모두가 그르다고 여겨야 한다. 선하지 못한 말은 버리고 군주의 선한 말을 배워야 하며, 선하지 못한 행동은 버리고 군주의 선한 행동을 배워야 한다." 이렇게 된다면 어찌 나라가 혼란스러워지겠는가?

나라가 잘 다스려지는 이유는 무엇인가? 군주가 전체 백성들의 뜻을 하나로 모을 수 있기 때문이다. 군주는 나라에서 가장 어진 사람이다. 군주는 백성들에게 정령을 선포하여 다음과 같이 말해야 한다. "좋은 말이든 나쁜 말이든 반드시 그것을 천자에게 고하라. 천자가 옳다고 하는 것은 모두가 옳다고 여겨야 하고, 천자가 그르다고 하는 것은 모두가 그르다고 여겨야 한다. 선하지 못한 말은 버리고 천자의 선한 말을 배우며, 선하지 못한 행동은 버리고 천자의 선한 행동을 배워야 한다." 이렇게 된다면 어찌 천하가 혼란스러워지겠는가?

천하가 잘 다스려지는 까닭은 무엇 때문인가? 천자가 천하의 뜻을 하나로 모을 수 있기 때문이다. 그러나 천하의 백성들이 모두 천자를 높이 받들고 화합하더라도 하늘을 높이 받들고 화합하지 않으면, 재앙은 완전히 사라지지 않을 것이다. 난데없는 추위나 더위가 나타나고 제철에 맞지 않게 눈과 서리, 이슬과 비가 내리며 오곡이 제대로 익지 않고, 가축들도 제대로 자라지 않는다. 또한 질병과 전염병이 가득하고 회오리바람이 불고 심한 비가 내리는 것은 백성들이 하늘을 받들고 서로 화합하지 않기에 하늘이 벌을 내리는 것이다.

옛 성왕들은 하늘과 귀신이 바라는 것을 따르고, 하늘과 귀신이 미워하는 것을 피하여 천하의 재앙을 없애고자 했다. 그래서 천하의 백성들을 거느리고 마음을 깨끗이 하여 목욕을 한 뒤, 정결하고 규격에 맞게 제물을 준비하여 하늘과 귀신에게 제사를 지냈다. 제사 때를 놓치는 법이 없었고, 형벌을 합리적으로 처리했으며, 재물을 공평하게 분배했고, 평소의 생활에서도 게으름이 없었다. 즉, 천자로서의 역할을 그와 같이 했던 것이다. 그러므로 위로는 하늘과 귀신이 천자가 하는 일을 도와주었고, 아래로는 백성들이 천자가 하는 일을 도왔던 것이다. 그래서 하고자 하는 일이 뜻대로 되고, 일을 시행하면 성공하며, 안으로 지키면 단단하고 밖으로 전쟁을 하면 승리했다. 그 이유는 무엇이겠는가? 이는 오직 정치를 하면서 위로는 받들고 아래로는 서로 화합했기 때문이다.

상과 벌이 공정해야 백성들이 하나가 된다

옛날 하느님과 귀신이 나라와 도읍을 만들고 지도자를 세운 것은 그들에게 높은 벼슬과 지위를 주고 많은 녹봉을 주어 부귀를 즐기라고 한 것이 아니다. 백성들에게 이익을 주고 재해를 없애 주며, 가난하고 의로운 이들을 부귀하게 하고 위험한 것을 없애서 편안하게 해 주며 혼란을 다스리라는 것이었다. 그러나 지금의 군주와 대신들을 보면 이와 반대다. 아첨하는 자들이 정치를 하고, 친족과 부모 형제와 친구들을 신하로 두거나 지도자로 앉힌다. 백성들은 지도자들이 제대로 다스리지 못한다는 것을 알고, 모두 자기들끼리만 친하게 지내고 이 사실을 숨기려 하며 윗사람을 받들어 서로 화합하려고 하지 않는다. 그래서 위아래가 뜻을 같이 하지 않는다.

만일 위아래가 뜻을 같이 하지 않는다면, 상과 명예로도 선을 권하거나 장려하지 못하며 형벌로도 포악한 자들을 막을 수 없게 된다. 군주가 나라를 다스리면서 상을 받을 만한 사람에게 상을 준다고 하더라도 진실로 윗사람과 아랫사람의 뜻이 다르면, 군주가 상을 내린 것에 대해 사람들은 비난한다. 사람들은 서로 더불어 살아가는데 주위 사람들의 비난을 받으면 위에서 상을 줘도 착한 일을 권할 수 없다. 반대로 군주가 벌을 받을 만한 사람에게 벌을 내린다고 해도 윗사람과 아랫사람의 뜻이 같지 않으면 군주가 내린 벌이 오히려 사람들에게는 칭찬의 대상이 된다. 그러니 위에서 벌을 내려도 나쁜 일을 막지 못한다. 이렇듯 군주가 한 나라의 지도자가 되어 상과 명예로 선한 일을 권하지 못하고, 형벌로 포악한 행동을 막지 못하면 지도자가 없을 때의 무질서하고 혼란한 상태와 똑같지 않겠는가? 지도자가 있을 때나 없을 때가 똑같다면 이것은 백성들을 다스려 하나가 되게 하는 길이 아닐 것이다.

화합이 정치의 근본이다

옛날 훌륭한 임금들은 화합하여 사람들의 의견을 통일하는 사람을 찾아서 우두머리로 세웠기 때문에 윗사람과 아랫사람의 감정이 서로 통했다. 윗사람이 모르는 사실이나 이로움이 있으면 아랫사람이 일깨워 주고, 백성들에게 쌓인 원한이나 해로움이 있으면 위에서 없애 주었다. 그래서 수천수만 리 떨어진 곳에 선한 일을 한 사람이 있다면, 그 집안의 사람들이나 그 고을 사람들이 아무도 모르고 누구도 듣지 못했다 해도 천자는 그것을 알고 그 사람에게 상을 내렸다. 반대로 나쁜 짓을 한 사람에게도 빠짐없이 벌을 주었다. 그러므로 천하의 모든 사람들이 두려워서 벌벌 떨며 감히 음란하고 포악한 행동을 하지 못했으며 "천자가 보고 듣는 것이 신령스럽다."라고 말했던 것이다. 옛 성왕이 말씀하길 "그것은 신령스러운 게 아니다. 단지 사람들의 눈과 귀를 잘 활용해서 자신이 보고 듣는 데에 도움이 되게 했고, 다른 사람들의 입을 잘 활용해서 자신의 말에 도움이 되게 했으며, 사람들의 마음을 잘 움직여 자신의 생각을 돕게 했고, 사람들을 잘 부려 자신의 행동을 돕도록 했기 때문이다."라고 했다.

보고 듣는 것을 돕는 사람이 많으면 보고 듣는 것이 멀리까지 이르고, 말을 돕는 사람이 많으면 덕 있는 목소리가 널리 퍼진다. 생각을 도와주는 사람이 많으면 일을 도모하고 헤아리는 것이 더욱 빨라지며, 행동을 돕는 사람이 많으면 하는 일이 빠르게 이루어진다. 그러므로 옛 성인들이 일을 완성하고 공을 세워 후세에 이름을 남길 수 있었던 것은 오직 일치와 화합으로써 정치를 했기 때문이다.

옛날 제후들은 선한 것과 선하지 않은 것을 보고 들으면 모두 달려와서 천자에게 고했다. 그래서 현명한 사람이 상을 받고, 포악한 사람이 벌을 받았으며, 죄 없는 사람을 죽이지 않고 죄 있는 사람을 그냥 내버려 두지 않았으니, 이것이 곧 화합하여 의견일치를 이룬 공적이다. 지금 천하의 군주와 대신, 선비와 군자들이 진실로 나라를 부유하게 하고 백성을 늘리며 형벌과 정치를 바르게 하고 나라를 안정시키고자 한다면, 마땅히 윗사람을 중심으로 의견을 일치시키고 백성들이 서로 화합할 수 있도록 살펴야 될 것이다. 이것이 정치의 근본이다.

가장은 집안사람들에게 집안을 사랑하고 이롭게 하는 사람을 보면 반드시 보고하라고 명령해야 한다. 또한 집안을 미워하고 해치는 사람을 보아도 반드시 보고하라고 해야 한다. 만일 집안을 사랑하고 이롭게 하는 사람을 보고하면 이 또한 집안을 사랑하고 이롭게 하는 것이다. 위에서 알면 상을 내릴 것이고, 사람들이 칭찬할 것이다. 만일 집안을 미워하고 해치는 사람을 보고도 보고하지 않는다면 이 사람 또한 집안을 미워하고 해치는 사람이다. 위에서 알면 벌을 내릴 것이고, 사람들이 들으면 곧 비난할 것이다. 이 때문에 온 집안사람들은 모두 윗사람한테 상과 칭찬을 얻으려 하고 형벌은 피하려 할 것이다. 그래서 선한 것도 가장에게 말하고 선하지 않은 것도 가장에게 말한다. 가장은 선한 사람이 누구인지 알면 상을 주고 포악한 사람에게는 벌을 줄 것이다. 이렇게 되면 그 집안은 반드시 잘 다스려진다. 그 집안이 잘 다스려지는 까닭은 무엇인가? 오직 '상동'을 하나의 도리로 삼아 다스리기 때문이다.

집안이 다스려진다고 해서 나라가 저절로 다스려지는 것은 아니다. 나라에 있는 많은 집안들이 자기 집안만 옳다고 하고 남의 집안을 비난한다면 심한 혼란을 가져올 것이고 덜 심하더라도 다툼이 생기게 된다. 그래서 가장으로 하여금 그 집안의 뜻을 모아 군주를 높이고 화합하게 해야 한다.

군주도 또한 백성들에게 나라를 사랑하고 이롭게 하는 사람을 보면 반드시 보고하도록 명령해야 한다. 또한 나라를 미워하고 해치는 사람을 보아도 반드시 보고하라고 해야 한다. 만일 나라를 사랑하고 이롭게 하는 사람을 보고하면 이 사람 또한 나라를 사랑하고 이롭게 하는 사람이다. 위에서 알면 상을 줄 것이고, 사람들은 칭찬할 것이다. 만일 나라를 미워하고 해치는 사람을 보고도 보고하지 않는다면 이 사람 또한 나라를 미워하고 해치는 사람이다. 위에서 알면 벌을 줄 것이고, 사람들이 들으면 곧 비난할 것이다. 이 때문에 온 나라 사람들은 모두 그 군주에게 상과 칭찬을 얻으려 하고 형벌은 피하려 할 것이다. 그래서 선한 것도 군주에게 말하고 선하지 않은 것도 군주에게 말할 것이다. 군주는 선한 사람에게는 상을 주고 포악한 사람에게는 벌을 줄 것이다. 이렇게 되면 나라는 반드시 잘 다스려질 것이다. 나라가 잘 다스려지는 까닭은 무엇인가? 오직 상동을 하나의 도리로 삼아 다스리기 때문이다.

천하도 마찬가지다. 천하가 이미 다스려졌다면 천자는 다시 천하의 뜻을 모두 모아 하늘을 받들고 화합해야 한다. 상동의 원리를 천자에게 적용하면 천하를 다스릴 수 있고, 제후에게 적용하면 나라를 다스릴 수 있으며, 가장에게 적용하면 집안을 다스릴 수 있게 된다. 그러기에 천하를 다스리는 데 사용해도 모자라지 않고, 한 나라나 한 집안을 다스리는 일에서도 넘치지 않는 것은 상동, 이 한 가지뿐이다. 예전의 훌륭한 왕들도 그와 같이 주장했는데, 《서경》의 〈태서(泰誓)〉에 다음과 같이 말하고 있다. "백성들이 간교한 짓을 하는 것을 보면 즉시 알려야 한다. 알리지 않는 자는 그 죄가 똑같이 인정될 것이다." 이는 사악한 일을 보고도 알리지 않았을 경우 그 죄가 사악한 짓을 한 죄와 다름없음을 말한 것이다. 그래서 옛날 성왕들이 천하를 다스릴 때는 왕을 보필했던 신하들이 모두 훌륭했을 뿐만 아니라 왕이 보고 듣는 것을 돕는 사람들이 많았다. 그 결과 사람들과 일을 도모하면 남보다 앞서 뜻을 이루고 영광과 명성이 남보다 앞서 퍼져 나갔다. 그 이유는 오직 진실한 몸가짐으로 일했기 때문이다.

옛말에 "한 눈보다 두 눈으로 보는 것이 낫고, 한 귀보다 두 귀로 듣는 게 나으며, 한 손보다 두 손으로 잡는 것이 강하다."라고 했다. 옛날 성왕들이 나라를 다스릴 때 천 리 밖에 현명한 이가 있고, 포악한 자가 있는 것을 직접 가서 본 것도 아니고 들은 것도 아닌데 어떻게 알고 상을 주고 벌을 주었겠는가? 또한 어떻게 세상을 어지럽히고 도둑질하는 자들이 발붙이지 못하게 했겠는가? 그 모두가 상동의 도리로 정치를 했기 때문이다.

백성들의 의견을 일치시키고 화합하도록 하려는 사람은 백성을 사랑해야 한다. 그렇지 않으면 백성을 다스릴 수 없다. 사랑으로 백성을 다스리고 믿음과 정성으로 백성들을 지켜주어야 한다. 부유하게 하고 귀하게 하여 그들을 앞에서 인도하고, 형벌을 분명히 하여 그들을 뒤에서 이끌어야 한다. 이렇게 정치를 한다면 화합하지 않을 수 없을 것이다. 지금 천하의 군주와 대신, 선비와 군자들이 진실로 인과 의를 행하고 훌륭한 선비가 되기를 바라며, 위로는 성왕의 도리에 충실하고 아래로는 나라와 백성들의 이익에 부합되길 원한다면, 상동이라는 말을 깊이 살피지 않으면 안 된다. 상동은 정치의 근본이며 나라를 다스리는 데 가장 중요한 것이다.

　묵자는 세상이 혼란스러워지는 주된 이유로 사람들이 각자 다른 의견을 주장하고 화합하지 않는 점을 들고 있다. 그런데 혼란스런 세상을 바로 잡기 위해서는 제각각인 백성들의 의견을 통일하고 서로 화합하도록 해야 하는데, 이를 위해 하늘에서 지도자를 내렸다고 말한다. 천하를 책임지고 이끌 최고 지도자인 천자, 천자의 힘이 미치지 못하는 부분을 돕는 대신인 삼공, 천하를 여러 나라로 분할하여 한 나라를 다스리는 제후, 제후를 도와 고을을 다스리는 향장, 더 작은 단위인 마을을 다스리는 이장을 두어 각기 맡은 영역을 다스리게 했다는 것이다. 이것은 고대로부터 내려온 천명사상(天命思想)에 입각한 것으로 천하를 다스리는 천자는 하늘의 명을 받아 천자가 되었다는 것이다. 그리고 천자의 뜻에 따라 각기 자기 역할을 맡아서 백성들이 따르도록 법령을 제정하고 법령에 따라 사람들을 다스린다는 것이다.

　하지만 이러한 천명사상에 근거해 나라를 다스리게 된 지도자들의 올바른 역할에 대해서 묵자는 또한 자기만의 목소리로 주장한다. 그

것이 상동, 즉 지도자로부터 백성들에 이르기까지 의견일치를 이루고 화합해야 한다는 사상이다. 그러면 상동은 어떻게 실현되는 것인가?

묵자는 "상을 줄 만한 사람이면 상을 주고, 벌을 주어야 할 사람이면 벌을 주며, 죄 없는 사람을 죽이지 않고, 죄 지은 사람을 놓치지 않는 것."이라고 간단하게 말하고 있다. 위에서는 상을 주는데 백성들이 상 받은 이를 욕하고, 위에서는 벌을 주는데 백성들은 오히려 벌 받은 이를 칭찬하며, 죄 없는 이를 죽이고 죄 지은 이를 벌주지 않는다면 세상은 어떻게 되겠는가? 그러므로 윗사람을 중심으로 의견을 통일하려면 먼저 상벌의 공정성을 유지해야 한다고 말한다.

묵자는 엄격하고 바르며 냉정하게 법을 집행해야 한다는 법가와는 달리 상벌의 공정성에 초점을 두었다. 어떠한 사회든 그 사회 구성원들이 공감하고 소망하는 규칙과 질서, 정의와 도리가 있기 마련인데 문제는 이를 어떻게 하면 구성원들이 잘 지키도록 할 수 있는지의 방법일 것이다. 묵자는 성왕들의 예를 들어가면서 사회 지도층이 먼저 옳고 선한 일에 솔선수범하도록 하고, 이를 백성들도 자연스럽게 행하도록 상과 벌을 엄격하게, 그리고 공정하게 시행하는 것이 방법이라고 했다. 특히 윗사람의 부정과 비리를 바로잡고 충고할 수 있게 만들 수 있도록 언론의 자유를 열어야 한다는 대목은 묵자의 통찰력을 잘 보여주는 부분으로 여겨진다.

오늘날에도 부정부패가 없는 정의 사회를 실현하려면 개인의 용기와 실천도 중요하지만 잘못을 범한 사람들을 준엄하게 심판하고 고발하여 이를 바로잡으려는 데 힘써 선의의 시민들을 보호하는 법적, 제도적 장치가 필수적이다. 이런 사회적인 제도를 마련하고 지키게 하려면 무엇보다도 중요한 것이 사회 구성원들의 합의와 의견 통일이다. 그래야 믿음이 생기고 법과 제도를 지키려는 사람들이 제대로 대우받기 때문이다. 가장 바람직한 모습은 사람들이 상을 기대하며 선을 행하거나, 벌이 두려워 악행을 삼가는 것이 아니라 자연스럽게 선을 가까이 하고 악을 멀리하도록 하는 것이다.

한 사회의 기초를 바로 세우려면 그 사회를 사랑하고 이롭게 한 사람에게는 상과 칭찬을 반드시 내리고 사회에 해를 끼치는 사람에게는 반드시 벌을 내려야 한다. 엄격한 상벌을 전제로 '상동의 도'를 통해 믿음이 유지되는 것이 정치의 기본임을 묵자는 거듭해서 강조하고 있다.

3. 겸애(兼愛)-사람을 차별하지 말고 두루 사랑하라

겸애는 묵자의 사상을 대표하는 개념으로 '모든 사람이 다른 사람을 자기 자신처럼 서로 아끼고 사랑하는 것'을 말한다. 묵자는 사회의 모든 재앙과 혼란의 근본 원인을 사람들이 서로 아끼고 사랑하지 않는 데에 있다고 했다. 만일 사람들이 다른 사람, 다른 집안, 다른 나라 대하기를 자신의 몸, 자기 집안, 자기 나라를 사랑하는 것처럼 한다면 모든 재앙과 혼란이 없어질 것이라고 주장했다. 겸애는 기독교의 '사랑'이나 불교의 '자비'와도 서로 통하는 개념으로서 이는 묵자의 사상이 범인류적인 보편성을 담고 있음을 보여 준다.

서로 사랑하지 않기에 세상이 혼란하다

성인은 천하를 다스리는 사람이다. 나라를 다스리려면 혼란이 왜 일어나는지를 알아야 한다. 비유하자면 의사가 병의 원인을 알아야 병을 고칠 수 있는 것과 같다. 어째서 세상이 혼란스러운지를 살펴보면, 서로 사랑하지 않기 때문임을 알 수 있다. 신하가 군주에게 충성하지 않고, 자식이 부모에게 효도하지 않는 것이 이른바 혼란이다.

자식이 자기 자신은 사랑하지만 아버지는 사랑하지 않는다. 그래서 아버지를 상하게 하고 자신을 이롭게 한다. 동생은 자기 자신은 이롭게 하면서 형은 사랑하지 않는다. 그래서 형을 상하게 하면서 자신을 이롭게 한다. 신하는 자기 자신은 사랑하면서 군주는 사랑하지 않는다. 그래서 군주를 상하게 하면서 자신을 이롭게 한다. 이것이 이른바 혼란이다.

만약 아버지가 자식에게, 형이 아우에게, 군주가 신하에게 자애롭지 않다면 이것 또한 혼란이다. 아버지가 자신은 사랑하면서 자식은 사랑하지 않는다. 그래서 자식을 상하게 하고 자신을 이롭게 한다. 형이 자신은 사랑하면서 아우는 사랑하지 않는다. 그래서 아우를 상하게 하고 자신을 이롭게 한다. 군주가 자신은 사랑하면서 신하는 사랑하지 않는다. 그래서 신하를 상하게 하면서 자신을 이롭게 한다. 이것은 무엇 때문인가? 모두 서로를 사랑하지 않기 때문에 일어나는 것이다.

이는 신하인 대부와 나라를 다스리는 제후를 예로 들어보아도 마찬가지다. 대부는 자신의 집만 사랑하고 남의 집은 사랑하지 않는다. 그래서 남의 집안을 해롭게 해서 자신의 집을 이롭게 한다. 제후는 자신의 나라만 사랑하고 남의 나라는 사랑하지 않는다. 그래서 다른 나라를 공격하여 자신의 나라를 이롭게 한다. 천하가 어지러운 원인이 바로 여기에 있다. 즉 모두가 서로 사랑하지 않는 데서 일어나는 것이다.

만일 천하로 하여금 서로 사랑하게 한다면 나라와 나라가 서로 공격하지 않을 것이며 집안과 집안이 서로 어지럽게 하지 않을 것이며, 군주와 신하, 아버지와 자식은 모두 자애롭게 서로를 대할 것이다. 도적도 마찬가지다. 남의 집을 자기 집처럼 여긴다면 누가 훔치겠는가? 또한 남의 몸을 자기 몸처럼 대한다면 누가 해치겠는가?

천하를 다스리는 성인이라면 어찌 악을 금하고 사랑을 권하지 않겠는가! 천하가 더불어 서로 사랑하면 곧 다스려지고, 서로 미워하면 곧 어지러워진다. 그러니 다른 사람을 사랑하라고 권하지 않을 수 없다.

자신을 사랑하듯 남을 사랑하라

어진 사람은 반드시 천하에 이익을 생기게 하고, 해로움을 제거하는 것을 원칙으로 삼는다. 그렇다면 무엇이 천하의 이익이고, 무엇이 천하의 해로움인가? 지금 나라와 나라가 서로 공격하고 집안끼리는 서로 빼앗으며, 사람들은 서로 해치고 군주는 은혜롭지 못하며, 신하는 충성스럽지 못하다. 또한 아버지는 자애롭지 못하고 자식은 효성스럽지 않으며 형제들은 화목하지 못하다. 이것이 바로 천하의 해로움이다.

그렇다면 이 해로움은 어디서 비롯된 것인가? 서로 사랑하지 않는데에서 비롯된다. 세상 사람들이 서로 사랑하지 않으면 강한 자가 약한 자를 짓누르고, 부자는 가난한 자를 업신여기며, 귀한 자는 천한 사람을 깔보고, 사기꾼은 어리석은 사람을 속일 것이다. 그래서 어진 사람들이 이런 행동을 비난하는 것이다.

그렇다면 더불어 서로 사랑하고 서로 이롭게 하기 위한 방법은 무엇인가? 다른 나라 대하기를 마치 자기 나라를 대하듯 하고, 다른 집안 대하기를 마치 자기 집안 대하듯 하며, 다른 사람 몸을 대하기를 마치 자기 몸을 대하듯이 하면 된다. 제후들이 서로 사랑하게 되면 서로 싸우지 않고, 가장들이 서로 사랑하면 서로 빼앗지 않게 되고, 사람과 사람이 서로 사랑하면 서로 해치지 않게 되고, 군주와 신하가 서로 사랑하면 곧 은혜와 충성이 있게 된다. 아버지와 자식이 서로 사랑하면 곧 자애로움과 효성이 있게 되며, 형과 아우가 서로 사랑하면 곧 화목하고 우애 있게 된다. 세상 모든 사람들이 서로 사랑하면 강자가 약자의 것을 빼앗지 않고, 다수가 소수를 약탈하지 않으며, 부자가 가난한 자를 깔보지 않고, 귀한 자는 천한 자를 업신여기지 않으며, 간사한 자는 어리석은 자를 속이지 않을 것이다. 무릇 천

하의 재앙과 강탈과 원한이 일어나지 않도록 하는 것은 서로 사랑해
야만 가능하다. 그래서 어진 사람들이 겸애를 칭찬하는 것이다.

혼란을 원하지 않으면 서로 사랑하라

그러나 지금 세상의 군자들은 "서로 사랑하는 것은 훌륭한 일이지
만, 천하에서 가장 어려운 일이다."라고 말한다. 성을 공격하거나 벌
판에서 싸움이 벌어졌을 때 자기 몸을 희생하면서 이름을 날리는 것
은 천하의 백성들이 모두 어렵다고 여기는 일이다. 그러나 군주가 그
것을 즐거워하기 때문에 수많은 병사들이 그런 행동을 하려고 한다.
그런데 더불어 사랑하며 이롭게 하는 것이 이 일보다 어렵겠는가?

무릇 다른 사람을 사랑하면 다른 사람 역시 그를 사랑하고, 다른
사람을 이롭게 하면 다른 사람 역시 그를 이롭게 한다. 다른 사람을
미워하는 사람은 다른 사람 역시 그를 미워하고, 다른 사람을 해치
는 사람은 다른 사람 역시 그를 해치게 된다. 그러니 겸애를 실천하
는 것에 무슨 어려움이 있겠는가? 군주가 그런 방법으로 정치를 하
지 않고 선비들이 그것을 행하지 않을 뿐이다.

옛날 진(晉)나라 문공(文公)은 선비들이 허름한 옷을 입는 것을 좋아
했다. 그래서 신하들은 모두 암컷 양의 가죽으로 만든 옷을 입고, 여

린 쇠가죽으로 칼을 묶어 허리에 찼으며, 두꺼운 베로 만든 모자를 썼는데, 이런 차림으로 군주를 알현했고 조회에도 참석했다. 이는 군주가 그런 것을 좋아했기 때문에 신하들이 그렇게 했던 것이다.

옛날 초나라 영왕(靈王)은 선비들의 가는 허리를 좋아했다. 그래서 신하들은 모두 밥을 한 끼만 먹고 가슴으로 숨을 들이쉰 뒤 허리띠를 매고 벽에 의지해서야 일어설 수 있었다. 이렇게 1년이 지나자 조정 대신들은 모두 얼굴이 깡마르게 되었다. 이는 군주가 그런 것을 좋아했기 때문에 신하들이 그렇게 했던 것이다.

옛날 월(越)나라 왕 구천(句踐)은 선비들이 용감한 것을 좋아했다. 그는 신하들을 가르치기 위해 몰래 사람을 시켜 배에다 불을 지르고는 신하들에게 말하기를 "월나라의 보물이 모두 이 속에 있다."라고 하면서 손수 북을 치며 신하들에게 불이 난 배 안으로 뛰어들도록 했다. 북소리를 듣자 신하들은 대오를 무너뜨리고 어지럽게 불 속으로 달려들어 죽는 자가 좌우로 백 명이 넘었다. 구천은 그때서야 징을 울려 신하들을 물러나게 했다.

백성들은 나쁜 옷을 입고 적게 먹으며 자신을 죽여서라도 명성을 얻는 일을 어렵게 여긴다. 하지만 군주가 진실로 그것을 좋아하면 하려고 한다. 하물며 서로 사랑하고 모두를 이롭게 해 주는 일인데 군주가 좋아하면 백성들도 좋아하지 않겠는가?

그러나 지금의 군자들은 말한다. "겸애는 훌륭한 일이다. 그러나 실행할 수는 없는 일이니 비유를 하자면 마치 태산을 들고 황하나 제수(濟水)를 뛰어넘는 일과 같다." 그러나 이것은 합당한 비유가 못 된다. 태산을 들고 황하나 제수를 뛰어넘으려면 재빠르고 힘도 세야 한다. 그러나 예로부터 이렇게 한 사람은 아무도 없었다. 하지만 모두를 사랑하고 모두를 이롭게 하는 것은 이와는 다른 것이다. 옛날 성왕들은 일찍이 이것을 실행한 일이 있으니 어떻게 이것을 아는가? 옛날 우왕은 동서남북 사방의 물길을 다스려 천하의 모든 백성들을 이롭게 해 주었다. 이처럼 우리도 겸애를 실천해야 한다.

또한 옛날 문왕이 나라를 다스릴 때는 큰 나라가 작은 나라를 업신 여기지 않았고, 사람들이 홀아비나 과부를 업신여기지 않았으며, 포악한 자와 권세 있는 자가 농민의 곡식이나 가축을 빼앗지 않았다. 그래서 자식이 없는 노인들도 주어진 수명을 모두 누렸고, 형제가 없는 사람들도 다른 사람과 같이 생업을 이룰 수 있었으며, 어려서 고아가 된 사람들도 기대고 성장할 곳이 있었다. 이렇듯 우리도 이러한 겸애를 실천해야 한다.

옛날 무왕이 태산에 제사를 지내며 다음과 같이 빌었다고 전해 온다. "태산이시여! 큰 일은 이미 이루었지만 어진 사람이 나타나 중국과 사방의 오랑캐들을 구원하게 해 주십시오. 비록 지극히 친한 사람이 있다 해도 어진 사람만 못합니다. 이 세상에 죄가 있다면 오직 저 한 사람에게만 있습니다."

우리도 이러한 겸애를 실천해야 한다. 지금 천하의 군자들이 진실로 천하가 부유해지기를 바라고 가난해지는 것을 싫어하며, 천하가 잘 다스려지길 바라고 혼란스러워지는 것을 싫어한다면 마땅히 더불어 서로를 사랑하고 이롭게 해야 한다. 이것이 성왕의 법도고 천하를 다스리는 도리니, 힘써 행하지 않으면 안 된다.

차별하지 말고 서로 사랑하라

어진 사람이 해야 할 일은 천하에 이익을 만들어 내고 해로움을 없애는 것이다. 천하의 해로움이란 큰 나라가 작은 나라를 공격하고 큰 집안이 작은 집안을 어지럽히는 것, 강한 자가 약한 자를 위협하고 다수가 소수에게 횡포를 부리는 것, 사기꾼이 어리석은 사람을 속이고 귀한 사람이 천한 사람을 깔보는 것이다. 또한 군주가 은혜롭지 못하고 신하가 충성스럽지 않으며, 아버지가 자애롭지 못하고 자식이 효성스럽지 않은 것, 사람들이 무기나 독약이나 불을 가지고 서로 해치는 것이다.

이러한 해로움이 있게 된 이유는 남을 미워하고 해치는 데에 있다. 남을 미워하고 해치는 자들은 서로 보듬는 것이 아니라 사람들을 차별하며 세상의 큰 해로움을 만든다. 그러므로 차별은 잘못된 것이다.

남을 비판하는 사람은 반드시 비판에 대한 대안이 있어야 한다. 만일 그렇지 않다면 마치 물로써 불을 구하는 것과 같으니 이런 주장은 옳다고 여겨지지 않을 것이다. 그러니 차별을 겸애로 바꿔야 한다.

그러면 어떻게 차별을 겸애로 바꿀 수 있는가? 만일 남의 나라를 자기 나라처럼 대한다면 어느 누가 자기 나라 사람들을 동원해서 남의 나라를 공격하겠는가? 남의 도읍을 자기의 도읍처럼 대한다면 누가 자기의 도읍 사람들을 동원하여 다른 나라의 도읍을 침략하겠는가? 이렇게 되면 나라와 도읍이 서로 공격하거나 정벌하지 않고 사람과 집안이 서로 어지럽히거나 해치지 않을 것인데, 이렇게 하는 것이 천하의 해로움인가 아니면 이로움인가? 반드시 천하의 이로움이라고 할 것이다.

그러면 이러한 많은 이로움이 남을 미워하고 남을 해치는 데서 생겨나는가? 반드시 아니라고 말할 것이다. 남을 사랑하고 남을 이롭게 해서 생기는 것이라고 말할 것이다. 그러면 세상 사람들을 사랑하고 이롭게 하는 사람들을 분별하여 부른다면 차별하는 사람들인가, 더불어 사랑하는 사람들인가? 반드시 더불어 사랑하는 사람들이라고 말할 것이다. 즉, 더불어 사랑하는 사람들이 세상을 크게 이롭게 하는 사람들인 것이다. 그래서 차별 없이 대하는 것이 옳다고 한 것이다.

또한 "어진 사람은 반드시 세상에 이익을 생기게 하고 해로움을 없애기 위해 힘쓴다."라고 했다. 그러므로 차별 없이 대하는 것이 가져오는 결과는 천하의 큰 이익이 되고, 차별하는 것은 천하의 큰 해가 된다. 그래서 차별하는 것은 잘못이고, 아우르는 것은 옳다. 차별 없이 대하는 것은 밝은 귀, 밝은 눈을 가진 사람들이 서로 보고 듣는 것을 도와주며, 다리와 팔이 날쌔고 강한 사람들이 서로 움직이고 행동하는 것을 거들어 주는 것이다. 그리고 도를 깨우친 사람들은 서로 가르쳐 주고, 노인이면서도 처자식이 없는 사람들은 시중들고 부양해 주는 사람들이 있기에 천수를 다할 수 있게 된다. 어리고 약한 고아들도 부모는 없지만 의지할 곳이 있어서 자신의 몸을 성장시킨다. 지금 오직 차별 없이 대하는 것이 바르다고 하는 것은 이와 같은 이익이 있기 때문이다.

그러나 천하의 선비들 가운데는 차별 없이 대하는 것을 그르다고 비난하는 사람들이 있다. 이 사람들은 "훌륭하기는 하지만 어떻게 그것을 실천할 수 있겠는가?"라고 말한다. 그러나 세상에 훌륭한데도 실천할 수 없는 것이 있겠는가? 잠시 두 선비 즉, 차별을 주장하는 선비와 차별 없이 사랑할 것을 주장하는 선비로 나누어 살펴보자. 차별하는 선비가 말하기를 "내가 어떻게 내 친구의 몸을 내 몸처럼 위하고, 내 친구의 어버이를 내 어버이 위하듯 할 수 있겠는가?"라고 한다. 그러니 친구를 만났을 때 친구가 굶주리고 있어도 먹여 주지 않고 헐벗고 있어도 옷을 입히지 않으며, 병이 들어도 시중을 들거나 간호하지 않고, 죽어도 장사지내 주지 않는다. 차별하는 선비의 말은 이와 같으며 행동도 이와 같다.

차별 없이 사랑하는 선비의 말은 이와 다르며 행동 또한 그렇지 않다. 그는 "내가 들은 바로 천하의 훌륭한 선비는 반드시 그 친구의 몸을 위하기를 내 몸을 위하듯 하고, 친구의 어버이를 위하기를 내 어버이를 위하듯 하는데, 그런 뒤에야 천하의 훌륭한 선비가 될 수 있다."라고 말한다. 그래서 친구를 만나 친구가 굶주리고 있으면 먹여 주고, 헐벗고 있으면 옷을 입히며, 병이 들면 시중을 들거나 간호해 주고, 죽으면 장사지내 준다. 겸애하는 선비의 말은 이와 같으며 행동도 이와 같다.

그러면 감히 물어 보자. 지금 전쟁을 하러 가는데 죽을지 살지 알수가 없다고 하자. 그러면 집안의 부모를 받들어 모시고 처자를 부양하도록 맡기려 할 때 차별하는 친구에게 맡기겠는가, 겸애하는 친구에게 맡기겠는가? 이럴 경우 아무리 천하의 어리석은 사람이거나 또는 그가 차별 없이 사랑하는 것을 비난하는 사람일지라도 자기 부모나 처자식을 분명히 차별 없이 사랑하는 친구에게 맡기려 할 것이다. 이것은 틀림없이 말과 행동이 어긋나는 것이다.

이는 군주에게 적용해도 마찬가지다. 지금 서로 사랑하고 이롭게 하는 것은 이익이 될 뿐만 아니라 실천하기도 쉽다. 다만 그것을 기뻐하는 군주가 없을 따름이다. 군주 가운데 진심으로 모든 사람을 차별 없이 사랑하며 상으로써 권하고 형벌로 다스린다면 사람들이 서로 사랑하고 이롭게 하는 길로 나갈 것이다. 그러므로 겸애는 성왕의 도다. 군주나 대신들은 겸애로 편안해지며 백성들은 겸애로 입고 먹는 데 만족함을 얻을 수 있다. 그래서 군자는 더불어 사랑하는 것을 잘 살피고 그것을 실천하는 데 힘써야 한다. 군주는 은혜롭고 신하는 충성스러우며, 부모는 자애롭고 자식은 효성스러우며, 형은 우애를 다하고 아우는 형을 공경하고 사랑해야 한다고 한다면 반드시 겸애의 이론을 따라 실천해야 한다. 이것이 성왕의 도이자 백성들의 큰 이익이다.

겸애는 묵자 사상을 대표하는 용어로 묵자 하면 겸애설을 떠올릴 만큼 유명한 말이다. 심지어 "네 이웃을 네 몸과 같이 사랑하라."라는 예수의 가르침이 묵자에게서 전해진 것이라고 주장하는 사람도 있을 정도다. 묵자는 이 겸애편에서 아주 단순하고도 명쾌하게 사회 혼란의 원인과 해결책을 제시한다. 묵자는 세상이 혼란한 이유가 자신만 사랑하고[자애(自愛)], 자신만 이롭게 하기[자리(自利)] 때문이라고 하면서 그 해결책으로 더불어 서로 사랑하고[겸상애(兼相愛)], 서로 이롭게 하는[교리(交利)] 것을 내세운다.

겸애설에서 '겸(兼)'은 별(別, 차별)과 대비되는 말로 '너와 나의 구별이 없는 것'을 뜻한다. 따라서 겸애란 모든 사람을 똑같이 사랑하고 친하게 대하는 것을 이르는 말이다. 묵자가 말하는 겸애는 천도편(天道篇)에서도 언급한 적이 있는데 "겸애란 사심이 없는 것으로, 이는 어질고 의로운 마음이다."라고 뜻을 풀고 있다. 기독교에서 말하는 '사랑'과 불교의 '자비', 공자(孔子)가 말한 '인'과 우리 민족의 '홍익인간(弘益人間, 널리 인간 세계를 이롭게 한다)' 사상과 서로 그 뜻이 두루 통하는 개념이라고 하겠다.

그러나 묵자 당시에도 그랬지만 '차별 없는 사랑'이라는 말은 비판의 도마에 오르기 쉬운 말이다. "차별 없는 사랑을 실천하는 것은 현실적으로 불가능하기 때문에 아무도 사랑하지 말자는 주장과 같다."라는 것이 겸애설을 비판하는 사람들의 주장이다. 특히 묵자를 강하게 비판한 것이 유가인데 맹자(孟子)는 "묵자는 머리 꼭대기에서 발뒤꿈치까지 닳더라도 천하에 이익이 되면 겸애를 행한다."라고 평가했다가, 나중에는 겸애를 "아비를 업신여기고 군왕을 업신여기는 사상이다."라고 하면서 심하게 공격하기도 했다.

이런 묵자와 유가 사이의 논쟁은 겸애편에서도 부분적으로 나타나 있다. 여기서 묵자는 겸애에 반대되는 유가의 입장을 소개한다. 그리고 '말로는 겸애가 실현 불가능하다는 이유로 반대하는 사람들도 막상 자신의 가족이나 집안을 맡길 때는 차별하고 구별하는 사람보다는 겸애하는 사람을 선택하여 맡긴다.'라고 하면서 말과 행동에서 이중적인 태도를 보이는 유가를 비판하고 있다. 그래서 묵자는 공자의 인에 대해서도 '차별과 서열을 중시하고 가족을 중심으로 한 폐쇄된 사랑'이라며 비판했다.

사실 묵자의 말대로 사람을 똑같이 사랑하는 일은 차별하고 미워하는 일보다 쉬운 일이며 전쟁하는 일보다는 더욱 쉬운 일이라고 할 수 있다. 다만 사람들이 겸애를 실천하려고 노력하기보다는 그것을 어렵고 불가능한 일이라면서 애써 외면하는 것이 문제다. 사람들이 서로를 자기 자신처럼 사랑하는 일은 작은 실천으로부터 시작되는 일이다. 그런 사랑이 불가능하다고 생각하거나 그런 사랑을 하는 사람은 뭔가 특별한 사람이라고 생각하기 때문에, 보통 사람들은 애써 자신의 이기적인 행동을 합리화하는 것이다. 나와 남을 구별하려는 태도를 버리면 인간 사회는 겸애의 세상, 즉 공동체적 인류애의 세상을 이룰 수 있을 것이다.

사실 묵자와 공자의 주장은 방법적인 차이만 있을 뿐이지 보편적인 사랑을 추구한다는 본질적인 내용은 동일하다. 다만 공자는 보편적인 사랑은 내 가족과 가까운 사람으로부터 출발한다고 본 것에 비해 묵자는 처음부터 이런 구별과 차별을 두지 말아야 한다고 주장했을 뿐이다. 이런 점으로 볼 때 유가의 묵자에 대한 비판은 지나친 점이 있을 뿐만 아니라 편견에 가까운 측면이 있다. 아마도 그 이유는 유가가 군신 간의 질서나 가족 사이의 질서라는 형식에 지나치게 집착하고 봉건적 특권층의 지배 질서를 인간에 대한 사랑보다도 중시해서 그럴 것이다. 그러나 오늘날의 입장에서 보면 인간을 동등하게 사랑하자는 묵자의 사상이 인간은 누구나 동일한 가치를 지닌다는 민주주의의 정신에 맞으며 공자의 사상보다도 더 진취적인 사상이라고 할 수 있다.

4. 비공(非攻)-침략 전쟁을 반대한다

비공은 '남의 나라를 침략하지 말라.'라는 뜻으로 비공편에서는 묵자의 반전 평화 사상을 엿볼 수 있다. 묵자가 살던 전국 시대는 강자가 약자를 약탈하고 정복하는 침략 행위가 빈번하던 시대였다. 이런 전쟁으로 인해 침략하는 나라의 백성들과 침략당하는 나라의 백성들 모두 희생되었다. 뿐만 아니라 엄청난 자원을 소모하고 인간의 삶의 터전인 자연 환경과 경작지까지 파괴되었다. 그래서 묵자는 이런 침략 전쟁이야말로 큰 범죄 행위라고 말한다. 그러나 묵자가 모든 전쟁을 무조건 반대한 것은 아니다. 침략 전쟁에 맞서기 위한 방어 전쟁이나 폭정을 일삼는 왕이나 제후를 몰아내기 위한 정의의 전쟁은 정당하다고 보았다.

지금 가장 큰 잘못은 다른 나라를 침략하는 것이다

어떤 사람이 남의 과수원에 들어가 복숭아나 자두를 훔쳤을 때, 많은 사람들이 이를 알면 그를 비난할 것이며 위정자들은 그를 붙잡아

처벌하려고 할 것이다. 이것은 어째서 그런가? 다른 사람을 해치면서 자신은 이익을 얻었기 때문이다. 남의 개나 닭, 돼지를 훔치는 사람의 잘못은 남의 과수원에 들어가 복숭아나 자두를 훔친 것보다 더 크다. 이것은 무슨 까닭인가? 남을 해친 정도가 더 크기 때문이다. 남을 해친 정도가 클수록 그 잘못은 더욱 심하고 그 죄는 더욱 커진다. 죄 없는 사람을 죽이고 그의 옷을 빼앗고 창과 칼을 훔친 자의 잘못은 남의 외양간에 들어가 소나 말을 훔친 것보다 심하다. 그러므로 오늘날 최대의 불의(不義)는 다른 나라를 침략하는 것이다.

그런데 지금 사람들은 남의 나라에 대한 공격을 잘못이라고 비난할 줄 모르고 사람들이 말하는 그대로 따라서 칭송하고 의롭다고 말한다. 이를 보고 어찌 의와 불의를 분별한다고 할 수 있겠는가? 한 사람을 죽이면 그것을 불의라 하여 한 사람을 죽인 죄가 반드시 성립된다. 이런 식으로 말한다면 열 사람을 죽이면 열 배의 불의가 되고 열 사람을 죽인 죄가 성립된다. 백 사람을 죽이면 백 배의 불의가 되고 백 사람을 죽인 죄가 성립되는 것이다. 이런 것에 대해서는 천하의 군자들이 모두 알고 있으며, 이를 비난하며 불의라고 말한다.

그러나 어떤 사람이 남의 나라를 대규모로 공격하고 불의를 저지르는 것에 대해서는 그것이 잘못임을 모르고 칭송하며 의롭다고 말한다. 이는 그런 행위가 실제로 불의인지를 모르는 것이다. 그렇기 때문에 그런 행위를 기록해서 후세에까지 전하는 것이다. 만일 그것이 불의인 줄 알았다면 어떻게 후세에 전할 수 있겠는가?

여기 어떤 사람이 검은 것을 몇 번 보고는 검다고 하다가 검은 것을 많이 보고 희다고 말하면, 이 사람은 검은 것과 흰 것을 구별하지 못한다고 해야 할 것이다. 쓴 것을 약간 맛보고 쓰다고 말하다가 쓴 것을 많이 맛보고 달다고 하면, 이 사람은 단맛과 쓴맛을 구별하지 못한다고 해야 할 것이다. 지금 작은 잘못을 하면 그것을 알고 비난하면서 남의 나라에 대한 공격은 큰 잘못인 줄 모르고 칭송하며 의롭다고 한다면, 이를 보고 어찌 의와 불의를 분별할 줄 안다고 할 수 있겠는가? 이렇게 보면, 천하의 군자들이 의와 불의의 분별을 혼란스러워하고 있다고 하겠다.

전쟁은 얻는 것보다 잃는 것이 더 많다

군사를 일으키려고 하나 겨울에는 추위가 두렵고 여름에는 더위가 두렵다. 그러니 겨울이나 여름 두 철에는 군사를 일으킬 수 없다. 또한 봄에 군사를 일으키면 백성들이 밭을 갈고 나무를 심으며 씨 뿌리는 일을 못하게 되고, 가을에는 백성들이 추수를 못하게 된다. 한 철이라도 농사를 못 짓게 되면, 굶주림에 허덕이고 헐벗어 추위에 얼어 죽는 자가 이루 헤아릴 수 없게 된다.

시험 삼아 군대를 동원했다고 가정해 보자. 화살, 깃발, 장막, 갑옷, 방패, 칼집 등 전쟁터에 가지고 갔다가 부서지고 망가져서 가지고 돌아오지 못하는 것이 얼마나 많은지 헤아릴 수 없다. 또한 창, 칼, 수레 등도 마찬가지다. 소나 말도 살이 쪄서 전쟁터에 나갔다가 말라서 돌아오거나 죽어서 돌아오지 못하게 되는 것이 이루 다 헤아릴 수 없다. 또한 가는 길이 멀어 식량의 운송이 끊어지면 죽는 백성의 숫자도 헤아릴 수 없다. 그리고 생활하는 곳이 불안정하고 먹고 마시는 일이 일정하지 않으며, 배를 곯다 갑자기 배부르게 먹게 되어 길에서 질병으로 죽는 백성들의 숫자도 헤아리기 어렵다. 후퇴하거나 진격하면서 죽거나 다친 군사가 수도 없이 많고, 전멸하는 군사의 수 또한 많다. 이렇게 되면 조상께 제사를 못 지내는 후손과 제사도 챙겨 받지 못하는 귀신의 수가 셀 수 없이 늘어나게 된다.

전쟁이 일어나면 백성들이 재물을 빼앗기고 손해를 보는 일이 이토록 많다. 그런데 무엇을 위해 전쟁을 하는가? 전쟁을 일으키는 자들은 승리했다는 명예와 전쟁에서 얻는 이익이 탐이 나서 전쟁을 한다고 한다. 그러나 명예는 생각해 보면 아무 소용이 없다. 사실 전쟁에서 얻은 이익을 계산해 보아도 오히려 잃은 것이 더 많다. 지금 3리(사방 1.2킬로미터 정도) 넓이의 성에 7리(사방 2.8킬로미터 정도) 넓이의 성곽을 지닌 도시를 공격한다고 했을 때, 정예 부대를 동원해서도 사람들을 죽거나 다치게 하지 않고서는 그곳을 점령할 수 없다. 이럴 경우 죽는 사람의 숫자가 많으면 수만 명에 이르고 적게는 수천 명에 이른다.

지금 만승(萬乘, 1만 개의 수레. 제후나 천자의 재물과 무력을 상징함)의 나라가 있다면 작은 성이 천 단위에 이르러 들어가 점령할 수 없을 정도이고, 땅이 워낙 넓어 만 단위에 이르니 전부 개간하여 사용할 수가 없다. 그렇다면 토지는 남아돌고 백성들의 수는 부족한 것이다. 지금 백성들은 죽어가고 토지는 남아도는데, 비어 있는 성을 빼앗으려고 다툰다면 이는 곧 부족한 백성을 포기하고 남는 토지를 중요하게 여기는 것이 된다. 한 나라가 이런 식으로 정치를 하는 데 힘을 쓸 이유는 없다.

남의 나라를 공격하고 전쟁하는 것을 지지하는 사람들은 이렇게 말한다. "어느 나라의 군주를 보면 처음 나라를 봉해 받았을 때 그 땅의 넓이는 수백 리가 못되고, 백성은 수십만 명이 되지 않았다. 그러나 다른 나라를 공격하고 전쟁을 했기 때문에, 토지의 넓이가 수천 리에 이르고 백성들의 수는 수백만 명에 이르게 되었다. 그러니 공격하고 전쟁하는 것을 비난할 수 없다."

그러나 비록 몇몇의 나라들이 이익을 얻긴 했겠지만 그 나라들이 바른 도리를 행한 것은 아니다. 의사가 병든 사람을 약으로 치료하는 것에 비유해 보자. 지금 여기에 의사가 약을 만들어 병든 사람들에게 썼는데, 만 명이 이 약을 먹고 네다섯 명이 나았다고 하면, 이는 약을 옳게 쓴 것이 아니다. 그러므로 효자는 그것을 자신의 어버이께 쓰지 않을 것이며, 충신은 임금께 쓰지 않을 것이다.

옛날부터 천하에 많은 나라들이 봉해졌다. 귀로 들은 예전의 일과 눈으로 본 요즘의 일만 가지고 말해도, 다른 나라를 침략하고 전쟁하다가 망한 나라들이 헤아릴 수 없이 많다. 지금 군주와 대신들은 진실로 이익을 얻고자 하고 잃고자 하지 않으며, 안정을 바라고 위태로움을 꺼려하니 공격하고 전쟁하는 것을 비난하지 않을 수 없다. 전쟁을 옹호하는 사람들은 "다른 나라를 공격하고 전쟁하다가 망한 나라의 군주들은 자신의 백성들을 잘 추스려서 이용할 줄 몰랐기 때문에 멸망했으나, 우리는 백성들을 잘 추스려서 이용할 수 있기 때문에 그들을 동원해서 공격하고 전쟁을 벌여도 누가 감히 굴복하지 않겠느냐?"라고 말한다.

그러나 비록 백성들을 잘 추스려서 이용한다 해도, 어찌 옛날의 오나라왕 합려(闔廬)만 하겠는가? 그는 7년간 군사를 훈련시켰다. 병사들은 갑옷을 입고 무기를 들고 300리를 달려 야영을 하며 전쟁을 했다. 합려는 군사들을 이끌고 험한 길로 출병하여 초나라를 쳐부수었으며, 송(宋)나라와 노(魯)나라도 굴복시켰다. 부차의 시대에 이르러서는 북으로는 제(齊)나라, 동으로는 월나라 및 여러 나라들을 굴복시켰다. 그 뒤 그는 백성들과 전사한 병사들의 자식에게 은덕을 베풀어야 했지만, 그렇게 하지 않았을 뿐만 아니라 자신의 힘만 믿고 전쟁에서 이긴 공로만을 자랑하며 백성들을 교화시키는 일은 게을리 했다. 이렇게 되자 오나라의 민심은 떨어져 나가고 나라는 피폐해졌다. 그러자 월나라 구천은 오나라의 윗사람과 아랫사람들이 서로 화합하지 못함을 보고 자신의 군사들을 이끌고 가서 오나라를 멸망시켰다.

또한 옛날 진(晉)나라에는 여섯 명의 장군이 있었는데, 지백(智伯)이 가장 강했다. 그는 자신의 땅이 넓고 백성이 많다고 생각하여 다른 제후들을 신속하게 공격함으로써 이름을 날리려고 했다. 그래서 용감한 군사들을 뽑아 많은 배와 수레를 동원해서 중항씨(中行氏)를 공격하여 그의 땅을 점령했다. 그리고 나서 자신의 계책을 만족스럽다고 여기자 또다시 범씨(范氏)를 공격하여 병합했다. 그러고는 이에 그치지 않고 조양자(趙襄子)를 진양에서 포위하자 한씨(韓氏)와 위씨(魏氏)가 서로 만나 대책을 논의하기를, 조씨가 아침에 망하면 저녁에 자신들이 그 뒤를 이을 것이고, 조씨가 저녁에 망하면 아침에 자신들이 뒤를 이을 것이라고 했다. 그래서 조, 한, 위씨 세 사람은 힘을 모아 지백을 공격하여 크게 쳐부쉈다. 그러니 지금 다른 나라를 공격하고 전쟁을 일으키는 것을 이익이라 생각하면서 어찌 지백의 일을 거울로 삼지 않을 수 있겠는가?

침략 전쟁은 그 어느 것에도 도움이 안 된다

세상 사람들이 훌륭하다고 칭송하는 것의 근거는 어디에 있는가? 위로는 하늘, 가운데로는 귀신, 아래로는 백성들의 이익에 부합하기 때문인가. 아니면 그 세 가지에 부합되지 않기 때문인가? 아무리 어리석은 사람이라도 이 세 가지에 부합하기 때문이라고 할 것이다.

지금 세상 사람들 모두가 의롭다고 여기는 것은 성왕의 법도다. 지금 천하의 제후들 대부분이 다른 나라를 공격하고 정복하여 병합하려고 하는데, 이는 명예와 의로움이라는 명분만 있는 것이지 그 실제는 드러나지 않는다. 이것은 마치 장님이 사람들과 함께 검다거나 희다고 말하지만 사물을 구분하지 못하는 것과 같다. 그런 것을 어찌 분별이 있다고 할 것인가? 그래서 옛날 지혜로운 사람이 천하를 위해 일을 도모할 때는 반드시 그 일이 의로운 것인지를 생각하고 나서 실천했다. 이렇게 하면 행동을 의심받지 않았고 빠르게 사람들에게 퍼져 자신이 바라는 것을 얻었으며 하늘과 귀신과 백성들의 이익에도 따르는 것이 되었다. 이것이 바로 사람의 도인 것이다.

그러므로 옛날 천하를 다스린 어진 사람들은 반드시 큰 나라의 침략론을 반대하고 천하의 사람들을 화목하고 화합하게 했다. 백성들을 거느려 농사짓게 하고 신하들에게는 하느님과 산천의 귀신들을 섬기게 했다. 사람들을 이롭게 했고 그 공로도 컸다. 그래서 귀신은 부유하게 해 주고 사람들은 칭송하여 천자라는 귀한 몸이 되게 하고 천하의 부를 다 차지하게 했으며 그 명성은 천지와 더불어 지금까지도 없어지지 않고 있다. 이것이 지혜로운 사람의 도이며, 옛 왕들이 천하를 잘 다스린 근거다.

그러나 지금의 왕이나 귀족, 천하의 제후들은 그렇지가 않다. 그들은 용감한 군사들을 골라 군함과 전차부대를 정돈한 다음 단단한 갑옷과 날카로운 무기를 갖춰 아무 죄도 없는 나라를 정벌하러 간다. 그 나라에 침입해서 농사지은 곡식을 베어버리고 나무를 잘라버리며 성곽을 무너뜨리고 해자를 메워버린다. 짐승을 훔치고 죽이며 종묘를 불살라 없애고 백성들을 찔러 죽이고 노약자를 죽이며 나라의 보물들을 가져간다.

또한 군사들을 거느리고 진격하여 싸움을 독려할 때는 "목숨 바쳐 싸우다 죽는 것이 최상이고, 적군을 많이 죽이는 것이 그 다음이며, 몸을 다치게 하는 것이 최악이다. 만약 대열에서 이탈하여 도망치는 자들은 그 죄를 용서하지 않고 사형에 처할 것이다."라고 말하면서 군사들을 두려움에 떨게 만든다.

이 모든 것이 모든 백성에게 해를 끼치고 성인의 위대한 업적을 어지럽히는 일이다. 하늘이 내린 백성들을 찔러 죽이고 신위(神位, 제사 지내는 자리와 패)를 파괴하며 사직을 뒤엎어 버리고 제물로 쓸 짐승들을 함부로 죽이니, 이것이 어찌 위로 하늘의 이익에 부합하겠는가?

또한 제주(祭主, 제사를 지내는 사람)를 없애고 옛 왕들을 부정하며 백성들을 해치고 흩어지게 만드니, 어찌 가운데로는 귀신들의 이익에 부합하겠는가? 군대에 들어간 비용은 모두가 백성들이 입고 먹는 재물인데, 얼마나 많이 없애는지 이루 헤아릴 수 없을 정도다. 그러니 아래로는 백성들의 이익에도 부합되는 점이 없다.

지금 군대를 통솔하는 자들이 불리하다고 생각하는 것은 다음과 같다. 장수가 용감하지 않고 병사들의 사기가 없으며, 무기가 날카롭지 않고 군사 훈련을 제대로 하지 못했으며, 병사들의 수가 많지 않고 병사들이 화합하지 않는 것이다. 또한 적의 위협을 막아 내지 못하고 적을 포위해도 오래 가지 못하며, 전투도 치열하지 못하고 단결력도 강하지 않으며, 결심도 단단하지 못하고 우방국의 제후들이 미심쩍어 하는 것 등이다. 만일 우방국의 제후가 의심을 품으면 적대감이 생기고 함께 일을 도모하려는 의지도 약화된다. 이런 불리한 조건에서 전쟁을 하면 나라는 법도를 잃고 백성들은 생업을 버려야 한다.

만일 중간 규모의 전쟁을 한다면 수백 명의 지휘관, 수천 명의 사관, 수십만 명의 병사가 있어야 군사 행동을 할 수 있다. 게다가 전쟁은 길면 수년, 빨라도 수개월은 걸리므로 이 사이에 군주는 정치를, 관리들은 자신의 맡은 일을, 농부는 농사를, 부인은 실 뽑고 길쌈을 할 겨를이 없을 것이다. 이것이 바로 나라가 법도를 잃고 백성들이 생업을 버리는 원인이다.

　그리고 전쟁 초기 단계에 필요한 것만 대충 계산해 보아도 군수품의 5분의 1도 남기 힘들 것이다. 갈 길이 멀어 식량이 제대로 공급되지 않아 병사들 가운데는 굶주리고 헐벗어 병들어 죽는 자가 헤아릴 수 없이 많을 것이다. 이렇듯 사람들에게 이롭지 못하고 천하에 해를 끼치는 전쟁을 군주와 귀족들이 즐겨 행한다면 이는 백성들을 해치고 멸망시키는 것을 즐기는 것이다. 어찌 도리에 어긋나지 않은 일인가?

　지금 전쟁을 좋아하는 제나라, 진(晉)나라, 초나라, 월나라 이 네 나라가 천하에 품고 있는 뜻을 이룬다면, 그 나라 백성의 숫자가 열 배로 늘긴 하겠지만 나라 전체의 땅은 더 늘어나 다 경작해서 먹고 살 수 없을 것이다. 또한 땅을 뺏기 위해 서로 해치니 이것은 모자라는 백성을 소홀히 여기고, 남는 땅만을 중요하게 여기는 일이 아닌가?

정의로운 전쟁

　공격과 정벌을 좋아하는 군주들이 말하기를 "다른 나라를 공격하고 정벌하는 것이 불의라고 하는데, 옛날 우왕이 묘족을 정벌하고, 탕왕이 걸왕을 정벌하고, 무왕이 주왕을 정벌하고도 훌륭한 임금이 된 것은 어찌된 것이냐?"라고 한다. 그러나 그들이 한 것은 공격이나 정벌이 아니고 주벌(誅罰, 그릇된 자를 벌하는 것)이다. 옛날 묘족들이 혼란을 일으켜서 밤이면 요괴가 나타나고, 사흘 동안 핏빛 비가 내리고, 개가 시장에서 곡을 하고, 여름에 얼음이 얼고, 땅이 갈라지고 물이 솟구치며 오곡의 성장이 바뀌어 백성들이 크게 떨고 두려워했다. 그래서 순임금이 우왕에게 명령을 내리자 우왕이 친히 하늘의 명을 받들어 묘족을 정벌한 것이다. 우왕이 묘족을 정벌하고 나니 천하가 안정되었다.

하나라 걸왕 때에도 해와 달이 제때에 뜨지 않고 추위와 더위가 불규칙하며, 곡식이 말라죽고 귀신이 울부짖으며, 학이 십여 일 동안 밤에 울음을 우니 하늘이 탕왕에게 하나라를 물려받으라고 명하셨다. 이에 탕왕이 걸왕의 백성들을 이끌고 하나라를 정벌하니, 복종하지 않는 제후들이 없었다.

은나라 주왕 때에도 하늘은 그의 못된 행동을 그냥 놔두지 않았다. 당시 백성들은 주왕의 사나운 정치에 시달려 제사도 제때에 지내지 못했고 아침저녁으로 흙비가 내렸으며, 귀신이 밤에 울고, 여자가 남자로 변하기도 하며, 하늘에서는 핏빛 비가 내리고, 큰 길에 가시덤불이 자랐지만 주왕은 갈수록 제멋대로 굴었다. 이에 무왕이 하늘의 명령과 도움으로 은나라를 쳐부수니 천하에 복종하지 않는 이가 없었다. 이렇듯이 우왕, 탕왕, 무왕 세 임금의 예를 살펴보면 그들이 한 전쟁은 무고한 백성들을 죽이는 공격이 아니라 포악하고 잘못된 정치를 바로잡기 위한 주벌이었다.

나라와 나라가 사귀면 서로 이로운 것이다

공격과 정벌을 좋아하는 군주가 자신의 이론을 두둔하며 "나는 금과 옥 또는 자녀나 땅이 모자라서 전쟁을 하는 것이 아니다. 천하에 의로운 이름을 떨치고 덕으로써 제후들을 굴복시키고자 하기 때문이다."라고 말한다. 그러나 지금 천하를 이롭게 하려는 제후가 있다면 그 제후는 큰 나라가 의롭지 않을 때는 같이 걱정하고 큰 나라가 작은 나라를 공격할 때는 작은 나라를 구해 주며, 작은 나라의 성곽이 허술하면 수리해 주고 옷감이나 곡식이 모자라면 보내 주며, 돈이 부족하면 보태 줄 것이다. 이렇게 하면서 큰 나라와 사귀면 큰 나라가 기뻐할 것이고, 작은 나라와 사귀면 작은 나라도 기뻐할 것이다. 상대편은 전쟁을 하느라 지쳐 있는데 우리는 편하게 지낸다면 우리 편 군사들은 반드시 강해질 것이고, 이럴 때 너그럽고 은혜롭게 위급한 나라를 구해 주면 백성들도 반드시 그에게 돌아와 의지할 것이다.

공격하고 정벌하려는 마음을 바꿔 자기 나라를 다스린다면 공적은 반드시 두 배가 될 것이다. 또한 군사를 일으키는 비용으로 제후들의 어려움을 안정시키는 데 쓴다면 반드시 큰 이로움을 얻을 수 있다. 바른 도리로 백성을 이끌고 의로움으로 세상에 이름을 날리며, 백성들에게는 관대하게 대하고 군사들로부터는 신임을 얻어 다른 제후국들을 돕는다면, 천하에 적이 없어질 것이다. 이것이 바로 천하의 이익이다. 그러나 군주와 대신들이 그 방법을 사용할 줄 모르니 이것은 천하를 이롭게 하는 가장 큰 일을 모르는 것이다.

지금 천하의 군주와 대신 및 군자들이 진정으로 천하에 이로움을 주고 해로움을 제거하길 바란다면, 자주 군사를 일으켜 남의 나라를 공격하고 정벌하는 일은 천하의 커다란 해로움이라는 것을 알아야 한다. 지금 인의를 실현하고 훌륭한 선비를 구하며, 위로는 성왕의 도를 목표로 삼고 아래로는 나라와 백성들의 이익을 찾고자 한다면, 당연히 침략을 반대하는 이론을 살펴야 한다.

묵자 사상의 핵심을 한마디로 요약하면 '사랑과 평화'라고 할 수 있다. 여기서 '사랑'을 다룬 것이 겸애편이라면 평화를 가장 잘 보여주는 것은 바로 이 비공편이다. 이 편은 일종의 '전쟁 반대론'이라고 할 수 있는데, 묵자는 이 비공편에서 침략 전쟁을 예찬하는 사람들을 논리적으로 반박하고 있다. 특히 침략 전쟁이 '의롭지는 않지만 이익이 된다.'라는 논리에 대해서 예리하게 비판한다. 즉 전쟁에서 이긴 나라뿐만이 아니라 전쟁에서 패한 나라 모두 물질적, 정신적 피해를 입고 인명을 잃으며 파괴의 참상에서 벗어날 수 없다는 것이다.

묵자가 보기에 전쟁이란 국가의 근본을 잃게 만들고 백성들을 생업에 종사할 수 없게 만들며 세상에 해악만을 끼치는 일이다. 전쟁의 피해가 이렇게 큰 것임에도 불구하고 군주나 대신들이 전쟁을 즐긴다면 이것은 나라의 백성들을 해치고 죽이는 것을 즐기는 것과 같다는 것이 묵자의 논리다.

한편 묵자는 비공편의 결론으로 강대국이 약소국을 공격하면 주변 약소국들이 힘을 합해 약소국을 구해야 한다고 주장한다. 그리고 궁극적으로는 제후국들이 서로에게 이익이 되는 평화적 관계를 맺어야 한다고 말한다. 그렇게 평화적인 관계를 이루어 내야만 전쟁의 파괴를 막고, 다른 나라로부터 신의와 명성을 얻으며, 천하의 민심이 돌아와 진정한 통일천하를 이룰 수 있다고 강조하고 있다. 다시 말해 전쟁이 일어날 가능성을 원천적으로 막는 구조를 만들어야 하는데, 그것은 나라와 나라 사이에 평화와 우호 관계를 맺어서 서로에게 이익을 주는 구조를 의미한다.

묵자가 전쟁의 폐해를 낱낱이 열거하면서 비공론을 주장한 것을 보면 끊임없는 정복 전쟁으로 그 시대의 백성들 모두가 너무나 많은 것을 잃고 비참한 나날을 보냈으리라고 짐작할 수 있다. 끊임없는 전쟁의 악순환은 인간의 삶을 송두리째 피폐하게 만든다. 그래서 묵자는 남에게 손해를 끼치는 일과 마찬가지로 다른 나라를 침략하는 전쟁도 똑같이 불의라고 비판한다. '한 사람을 죽이면 살인자가 되지만, 수천 수만 명을 죽이면 영웅이 된다.'라는 말이 잘못된 것임을 묵자는 날카롭게 지적하고 있다.

또한 평소에 작은 잘못을 저지르면 온갖 도덕적 잣대를 들이대며 비난하다가 막상 큰 잘못 앞에서는 침묵하거나 정반대로 동조하는 모습조차 보이는 당시 지식인들의 모순적인 태도도 날카롭게 꼬집고 있다.

아직도 지구촌 곳곳에서 전쟁의 총성과 난민의 행렬이 끊이지 않는 현실을 감안해 볼 때, 묵자의 '반전 평화 사상'은 우리에게 많은 것을 시사하고 있다.

5. 절용(節用)-물자를 절약하라

절용이란 '절약해서 쓴다.'라는 말이다. 묵자는 당시의 위정자들이 헐벗고 굶주리는 백성은 아랑곳하지 않고 호화롭고 사치스런 생활을 하는 것을 비판했다. 그리고 사치와 낭비를 국가가 가난해지는 주요 원인으로 보고 그 해결책으로 물자의 절약을 주장했다. 이 편에서 묵자는 관청의 크기, 음식, 의복, 장례, 배와 수레, 군사 무기 등 여러 가지를 조목조목 나누어서 절용의 원칙과 방안을 제시한다.

낭비를 없애면 천하에 이익이 된다

성인이 한 나라를 다스리면 그 나라의 부를 배로 늘릴 수 있다. 이를 더 키워 천하를 다스리면 천하의 부를 배로 늘릴 수 있다. 성인이 부를 배로 늘리는 것은 다른 나라 땅을 빼앗는 것이 아니다. 그 나라의 형편에 따라 불필요한 비용을 없앰으로써 부를 배로 늘리는 것이다.

성왕이 정치적인 법령을 내리고 사업을 일으키며 백성들로 하여금 재물을 사용하게 할 때는 반드시 실용성과 유익함을 생각했다. 그래서 재물을 사용하는 데에서도 낭비가 없고 생활하는 데에서도 힘들지 않아서 백성들에게 많은 이로움을 주었다.

사람들이 옷을 만들어 입는 이유는 무엇인가? 겨울에는 추위를, 여름에는 더위를 막기 위해서였다. 옷이란 겨울에는 따뜻하도록 하고 여름에는 시원하도록 만들어야 하는 것인데, 화려하기만 하고 사용하는 데 쓸모가 없으면 없애 버려야 하는 것이다. 사람들이 집을 지은 이유는 무엇인가? 겨울에는 바람과 추위를, 여름에는 더위와 비를 막기 위해서이며, 또한 도둑이 침입할 것을 대비해서 더욱 튼튼하게 짓는 것이다. 그러므로 화려하기만 하고 사용하는 데 쓸모가 없으면 없애 버려야 한다.

사람들이 갑옷과 방패와 갖가지 무기를 만드는 이유는 무엇인가? 외적을 막기 위해서다. 외적이 쳐들어 왔을 때 갑옷과 방패 및 각종 무기를 가진 자가 갖지 못한 자를 이길 것이다. 그래서 성인께서는 가볍고 편리하고 튼튼하게 갑옷과 방패와 갖가지 무기를 만든 것이다. 화려하기만 하고 실제에서 쓸모가 없으면 없애 버려야 한다. 사람들이 배와 수레를 만든 이유는 무엇인가? 수레는 육지를, 배는 강물 위를 타고 다니며 사방으로 통하는 편리함을 꾀하기 위해서다. 배와 수레는 짐을 가볍고 편리하게 운반하는 데 목적이 있다. 화려하기만 하고 사용하는 데 쓸모가 없으면 없애 버려야 한다.

무릇 물건을 만들 때는 반드시 실용성과 유익함을 먼저 생각해야 한다. 그래야 재물을 사용함에 낭비가 없고 백성들이 생활하는 데 수고롭지 않아 이익이 많게 된다. 만일 귀족들이 구슬, 옥, 새, 짐승, 개, 말 같은 것을 모으는 것보다는 옷, 집, 갑옷, 방패, 무기, 배, 수레를 늘리는 데 힘쓴다면 두 배로 늘어날 것이다. 이것은 어렵지 않은 일이다.

하지만 사람을 배로 늘리기는 어렵다. 그러나 이것 역시 가능하다. 어떻게 가능한가? 옛날 성왕들이 밝혀 준 법도에 따르면 남자는 20살이 되면 장가를 가야 하고 여자는 15살이 되면 모두 시집을 가야 한다. 그런데 지금 백성들이 혼인하는 평균 연령을 보면 성왕이 밝혀 준 법보다 10년이 뒤진다. 만일 결혼 뒤 3년 만에 아이를 낳아 기르면 10년 동안 모두 두세 명의 자식을 낳아 기를 수 있다. 이것이 바로 인구를 배로 늘릴 수 있는 방법인데, 지금 정치하는 사람들은 이렇게 하지 않는다.

지금 천하의 정치를 하는 사람들은 그 나라의 인구수를 줄이는 길로 가는 경우가 많다. 그들은 백성들을 과도하게 부려먹고 세금을 가혹하게 거둬들여, 백성들 중에 재물이 부족해서 얼어 죽거나 굶어 죽는 이들이 헤아릴 수 없이 많다. 또 권력자들은 군사를 일으켜 이웃 나라를 침공하여 정벌하고자 하는데, 길면 1년이 넘고 짧아도 몇 달이나 걸려 남녀가 서로 오랫동안 만나지 못한다. 이것이 바로 인구가 줄어드는 원인이다. 또한 머무는 장소가 불안정하고 먹고 마시기를 제때에 하지 못해 질병으로 죽는 사람들과 성을 공격하다가 죽거나 들에서 싸우다 죽는 사람들도 헤아릴 수가 없다. 성인들이 정치를 할 때는 이런 일이 없었다. 그래서 쓸데없는 비용을 없애는 것이 성왕의 도이며 천하의 이익이라고 한 것이다.

백성들의 이익에 보탬이 되는 정치를 하라

옛날 성인이 천하의 왕이 되고 제후들의 우두머리가 된 이유는 백성들을 진심으로 사랑하고 충성과 믿음으로 서로 이어주며, 이익을 주었기 때문이다. 그래서 평생 싫어하는 사람이 없었고 후세에도 싫증내는 이가 없었다. 옛날 성왕들이 물자의 절약을 위해 기구와 물건 만드는 법을 만들어 선포했는데 "온 천하의 공인들이 수레, 가죽 물건, 질그릇, 쇠 연장, 가구 등을 만들 때는 각기 능력에 맞는 일에 종사하되 그 만드는 양은 모두 백성들이 사용할 만큼만 만들면 된다." 라고 했다. 비용만 많이 들고 백성들에게 이익이 되지 않는 것은 만들게 하지 않았다.

또한 성왕들은 먹고 마시는 법도 제정하여 선포했는데, 배고픔을 채워서 기운을 차리게 하고 팔과 다리를 강하게 하며 귀와 눈을 밝게 하는 정도에 그쳤다. 다섯 가지 맛(단맛, 쓴맛, 신맛, 짠맛, 매운맛)과 향을 조화시켜 그 맛을 다 내려고 하지 않았고, 먼 나라의 진기하고 특이한 음식 재료를 쓰지도 않았다. 어떻게 그것을 아는가? 옛날 요임금이 천하를 다스릴 때는 해가 뜨고 지는 곳까지 따르고 복종하지 않는 자가 없었지만, 그는 한 끼에 고깃국과 고기반찬을 겹쳐서 먹지 않았다. 흙으로 만든 그릇에 밥과 국을 담아 먹었고, 국자로 술을 떠서 마셨다. 고개를 숙였다 들었다 하면서 형식과 위엄을 드러내는 예법도 하지 않았다.

성왕들은 또한 의복에 관한 법도 제정하여 선포했는데 겨울에는 따뜻하게, 여름에는 시원하게 하는 것으로 족하게 했다. 백성들에게 보탬이 되지 않는 낭비를 하지 않은 것이다. 이와 마찬가지로 무기나 갑옷, 수레, 배 등을 만들 때도 외적인 화려함보다는 백성들이 사용하는 데 편리하도록 만드는 일에 집중했다. 또한 성왕들은 장례를 치르는 일에서도 죽은 사람 때문에 산 사람이 오랫동안 슬퍼하는 일이 없도록 했다. 집을 지을 때도 벽은 바람과 추위를 막을 수 있게 하고, 지붕은 눈과 서리, 비와 이슬을 막을 수 있게 했다. 또한 집안 가운데는 깨끗하게 하여 제사를 지낼 수 있게 했으며, 담장은 남녀의 분별에 족한 정도에서 그쳤다. 백성들의 이익에 보탬이 되지 않는 비용 낭비를 하지 않았던 것이다.

묵자가 살던 당시 대부분의 제후들이 정복 전쟁을 통해 이웃나라를 빼앗고 이를 바탕으로 국력을 키우려고 했다. 하지만 묵자는 전쟁을 반대하는 한편, 군주가 나라의 재정 운영에서 낭비가 없도록 하면 평화적으로 국력을 키울 수 있을 뿐만 아니라 그 혜택이 백성들에게 돌아갈 수 있다고 주장했다. 실용적이고 현실적인 묵자의 면모를 알게 하는 대목이다. 피비린내 나고 백성들을 혹사시키는 전쟁을 통해 세력을 확장하는 것이 마치 국력을 키우는 최고이며 유일한 수단처럼 여기던 당시의 수많은 패권주의자들과 분명한 차이를 가졌던 것이다. 참고로 대학자 율곡 이이가 선조대왕에게 올린 상소문에도 절약과 검소의 중요함을 역설하는 대목이 있는데 묵자와 비슷한 논지를 펴고 있어 소개한다.

음식은 배를 채우기 위한 것이 아니라 상 위에 가득 채워 놓고 뽐내기 위한 것이고, 옷은 몸을 가리기 위한 것이 아니라 화려함과 아름다움을 경쟁하기 위한 것이어서, 한 상을 차리기 위한 비용은 굶주리는 사람들에게는 몇 달의 양식이 될 수 있는 정도이고, 한 벌의 옷을 만드는 비용은 헐벗는 사람 열 명의 옷을 장만할 수 있을 정도입니다. 열 사람이 농사를 짓는다 해도 한 사람을 먹여 살리기가 어려운데, 농사짓는 사람은 적고 먹는 사람은 많습니다. 열 사람이 천을 짠다 하더라도 한 사람의 옷을 마련하기가 어려운데, 길쌈하는 사람은 적고 옷을 입어야 할 사람은 많습니다. 그러니 어찌 백성들이 굶주리고 헐벗지 않을 수가 있겠습니까? 옛사람이 말하기를 "사치의 폐해는 천재(天災)보다도 더하다."라고 하였는데, 어찌 믿지 않을 수가 있겠습니까?

만약 위로부터 먼저 절약과 검소함에 힘써서 이 병환을 고치지 않는다면, 형벌과 법령이 비록 엄하고 명령과 지시를 비록 부지런히 내린다고 하더라도 공연히 수고만 할 뿐 아무런 이익도 없을 것입니다.

– 율곡이 선조 7년(1574) 1월에 올린 상소문 '만언봉사(萬言封事)' 중에서 –

묵자는 권력자나 지배자의 편에서 어떻게 백성들을 통치할 것인가를 주장한 사람이 아니라 백성들의 편에서 어떤 정치를 할 것인지를 고민한 사람이다. 그는 군주나 지배 계층의 존재 자체를 부정한 것은 아니지만 그들이 누구를 위하여 왜, 어떻게 존재해야 하는지를 명확히 밝혔다. 절용편에서 묵자는 군주가 백성들 위에 군림하며 진수성찬으로 배를 불리는 존재가 아니라, 간소하고 소박한 식생활로 백성들의 모범이 되어야 하는 존재임을 강조하고 있다.

묵자가 생각한 한 나라의 군주란 백성들이 어떻게 먹고 입으며 사는 곳은 어떤지를 먼저 걱정해야 하는 존재다. 그래서 백성들이 굶주리지 않으며 헐벗지 않고 편하게 살 수 있도록 음식과 의복, 집까지도 제대로 알고 있어야 하는 존재다. 또한 백성들이 호화롭고 사치스런 생활에 물들지 않도록 군주 스스로 의식주의 크기와 규모를 간소하게 하라고 권유한다. 묵자의 이런 주장은 의식주를 사람이 살아가는 데 필요한 생활용품이 아니라 자기 과시나 부의 상징으로 여기던 일부 사회 지도층의 그릇된 생각과 태도를 고려한 것이다. 묵자가 말하는 간소하고 실용적이며 불필요한 낭비를 억제하는 생활 자세는 오늘날 자원의 낭비와 과소비를 억제하여 환경 보호를 해야 한다는 생태주의 자들의 사상과도 그 맥이 닿아 있다.

6. 절장(節葬) - 장례는 검소하게 하라

절장이란 '장례에 드는 비용을 절약한다.'라는 뜻 이다. 묵자는 성대하게 오래도록 장례를 치르는 유 가의 전통적인 장례 예절이 재물을 낭비하고, 사람들의 일상 생활과 건강에 악영향을 끼치며, 결국에는 나라를 빈곤하게 하고 정치를 혼란시킨다고 비판한다. 그래서 묵자는 옛날 성 왕들의 사례를 들어 절장단상(節葬短喪, 간소하고 짧게 장례를 치 름)을 주장한다. 이 절장편은 5장 절용편의 연장선상에 있는 것으로 유가와 묵가의 극단적인 대립을 싹트게 한 결정적인 대목이기도 하다.

성대한 장례와 삼년상이 주는 수많은 피해들

어진 사람이 천하를 생각하는 것은 비유하자면 효자가 어버이를 생각하는 것과 같다. 오늘날 효자가 어버이를 생각한다면 어떻게 해 야 하는가? 어버이가 가난하면 부유하게 해 드리고 집안 식구가 적으면 많게 하며, 사람들이 많아 혼란스러우면 안정시켜야 한다. 이를 위해서는 힘과 재물과 지혜를 다해야만 이룰 수 있다. 힘을 남기거나, 훌륭한 계획을 감춰 두거나, 사사로운 이익을 취한다면 어버이를 위해 해야 할 일들을 제대로 할 수가 없다. 부유하게 하고 사람 수를 늘리며 혼란을 다스리는 것, 이것이 바로 효자가 어버이를 위해 생각하는 일이다.

어진 사람이 천하를 생각하는 것도 이와 마찬가지다. 옛 삼대의 성왕이 돌아가신 뒤로 천하에는 의리가 없어졌다. 후세의 군자들 가운데 어떤 사람은 성대한 장례와 삼년상(유가는 어린아이가 말하며 걸을 때까지 돌본 기간이 적어도 3년이라는 의미에서 삼년상을 치름)이 '인'이요 '의'며 효자가 할 일이라고 하고, 또 어떤 사람은 이것이 '인'도 '의'도 아니며 효자가 할 일도 아니라고 한다. 이 두 사람은 말도 다르고 행동도 서로 다른데 그들은 위로는 요임금, 순임금, 탕왕, 문왕, 무왕의 큰 도리를 이어받았다고 한다. 하지만 그들의 말과 행동이 다르기 때문에 후세의 군자들은 이 두 가지 말에 대해 어느 것이 옳은지 모르고 있다.

오늘날 성대한 장례와 삼년상을 주장하는 사람들의 말을 따른다고 가정해 보자. 군주나 대신들 중에 상을 당한 사람이 생기면 그는 관목(棺木, 관에 쓰인 나무)을 반드시 여러 겹으로 하고, 매장할 때는 땅을 깊고 크게 파며, 수의(壽衣, 죽은 사람에게 입히는 옷)와 이불도 많아야 하고, 수의에 새기는 무늬와 수도 화려하게 해야 하며, 봉분도 크게 해야 한다고 주장할 것이다. 장례를 반드시 이런 식으로 치러야 한다면, 서민들이나 천민들의 경우 상을 당하면 집안의 재물을 거의 다 써야 할 것이다. 제후 중에 누군가가 죽으면 창고의 재물을 다 쓰고 금과 옥으로 죽은 이의 몸을 두르며, 아름다운 실로 짠 끈으로 묶고 그가 타던 수레와 말도 함께 무덤 속에 묻을 것이다. 그 밖에도 장막과 포장, 솥과 북, 앉는 자리와 깔개, 병과 쟁반, 창과 칼, 꿩의 깃, 상아와 가죽을 많이 만들어서 매장해야 만족할 것이다. 뿐만 아니라 천자나 제후가 죽으면 많게는 수백 명, 적어도 수십 명은 함께 순장시켜야 한다고 말한다.

상을 치르는 것은 또 어떻게 해야 하는가? 곡을 해야 하는데 소리 내고 흐느끼는 것이 보통 때와 달라야 하며, 거친 삼베옷을 입고 삼베로 만든 띠를 머리와 허리에 두르고, 눈물을 흘리며 움막에 기거하면서 거적자리에서 흙을 베고 잠을 잔다. 또 배가 고파도 먹지 않고 굶어야 하며, 얇은 옷을 입고 일부러 추위를 겪어야 한다. 그렇게 하니 얼굴이 앙상하게 야위고 안색이 검게 변하며, 귀는 잘 들리지 않고 눈은 잘 보이지 않게 되며, 손과 발은 힘을 쓰지 못해 아무 일도 할 수 없게 된다. 게다가 지위가 높은 사대부가 상을 치르는 동안은 반드시 부축해 주어야만 일어설 수 있고, 지팡이를 짚고서만 걸어 다닐 수 있다고 한다. 이런 식으로 3년을 지내야 한다.

만일 이런 것을 법도로 삼아 군주나 대신이 정치를 행한다면, 일찍 조회에 나가고 늦게 퇴근하는 일이 어려울 것이다. 대부가 이를 행한다면 여러 관청을 다스릴 수 없게 될 것이고, 산과 들을 개간하지 못해 창고를 채울 수 없을 것이다. 농부가 이를 행한다면 일찍 나가 밭을 갈고 씨 뿌리며 농사를 짓고 밤늦게 들어오는 일이 어려울 것이다. 여러 공인이 이를 행한다면 수레와 배를 수리하거나 그릇과 접시를 만들 수 없게 될 것이다. 또한 부녀자들이 이를 행한다면 일찍 일어나고 늦게 자면서 실을 뽑는 일이나 길쌈을 하지 못하게 될 것이다. 결국 성대한 장례는 힘써 모은 재물을 땅에 묻어버리는 셈이 되고 삼년상은 오랫동안 일을 못하게 하는 셈이니, 이렇게 하면서 부유해지기를 바라는 것은 마치 농사를 짓지 못하게 해 놓고 수확하려는 것과 같다. 그러므로 부유해지는 것은 불가능하다.

오늘날 성대한 장례와 삼년상을 주장하는 사람의 뜻대로 정치를 한다고 해 보자. 군주와 부모, 아내, 큰아들이 죽으면 모두 3년 동안 상을 치르게 되고, 그 다음으로 큰아버지, 작은아버지, 형제, 작은아들이 죽으면 모두 1년 동안 상을 치른다. 또한 가까운 친족이 죽으면 5개월, 고모, 누이, 조카, 외삼촌 등이 죽으면 3개월로 애도하고 슬퍼해야 하는 기간이 제도로 정해지게 된다. 그러면 결국 상을 당한 사람의 얼굴은 야위고 검어지며, 눈과 귀는 잘 보지도 듣지도 못하게 되고, 손과 발은 힘이 빠져 아무 일도 못하게 된다. 또한 높은 사대부가 상을 당했을 경우 다른 사람의 부축을 받아야 일어설 수 있고, 지팡이를 짚어야 걸을 수 있게 된다. 이런 생활을 3년이나 해야 하니 배고픔에 시달리고 힘이 없어 무기력한 의존하는 삶을 이어갈 것이다. 그러므로 백성들은 겨울이면 추위를 견딜 수 없고, 여름이면 더위를 견딜 수 없어 병에 걸려 죽는 사람들의 수는 이루 헤아릴 수 없을 것이다.

이럴 경우 출산을 위한 남녀 관계도 크게 방해받을 것이니 이렇게 하고도 인구를 늘리려는 것은 마치 사람을 칼날 위에 엎드려 있게 하고 오래 살기를 바라는 것과 같다. 그러니 인구를 늘리는 것은 불가능하다. 오히려 나라는 가난해지고 백성들의 수는 줄어들 것이며, 형벌과 행정은 문란해질 것이다.

아랫사람이 자신의 생업에 종사하지 못하면 입고 먹는 데 쓰는 재물이 모자라게 될 것이다. 입고 먹는 물건이 모자라면 아우가 형에게 얻으러 갈 것이고, 얻으러 갔다가 못 얻을 경우 아우의 도리를 모르는 자는 형을 원망할 것이다. 또 아들이 부모에게 먹을 것을 얻으러 갔다가 뜻을 이루지 못하면 효성스럽지 못한 아들은 부모를 원망할 것이다. 신하가 군주에게 재물을 요구했다가 뜻을 이루지 못할 경우 충성스럽지 못한 신하는 반란을 일으킬 것이다. 백성들은 밖에 나갈 때 제대로 입지 못할 것이고, 집에 들어오면 먹을 게 없어서 치욕스럽고 불평하는 마음을 지니고 있다가 한꺼번에 일어나 사납게 행동할 것이다. 이렇게 되면 도적은 늘어나고 다스리는 자는 적어져 치안은 불안해질 것이다. 이런 식으로 정치를 한다면 마치 사람을 여러 번 정신없이 돌려 놓고 똑바로 서라고 요구하는 것과 같다.

무릇 큰 나라가 작은 나라를 공격하지 못하게 하는 방법은 작은 나라가 곡식을 많이 쌓아 놓고 성을 튼튼히 만들어 놓으며, 사람들이 위아래로 협력하고 단결하는 것이다. 오늘날 성대한 장례와 삼년상을 주장하는 사람이 정치를 한다면 그 나라는 반드시 가난해질 것이며 인구도 줄어들 것이고, 형벌과 행정은 문란해질 것이다. 식량이 모자라면 비축도 할 수 없을 것이고, 인구가 줄어들면 성곽과 연못을 수리할 사람도 역시 줄어들 것이요, 형벌과 행정이 문란해지면 전쟁을 해도 이길 수 없고, 성을 지켜도 튼튼하게 지키지 못할 것이다.

이처럼 성대한 장례와 삼년상을 치르는 방식으로는 작은 나라가 큰 나라의 공격을 막을 수가 없을 뿐만 아니라 하느님과 귀신에게 복을 구하는 일도 불가능하다. 왜냐하면 식량이 부족하면 제사상에 올려놓는 제삿밥과 단술을 제대로 준비할 수 없고, 백성의 수가 줄어들면 하느님과 귀신을 섬기는 사람들의 수가 줄어들 것이며, 형벌과 행정이 문란해지면 제사를 제때에 올리지 못하기 때문이다.

지금 만약 하느님과 귀신에게 제사 지내는 일을 금지시키고 정치를 한다면 하느님과 귀신이 하늘에서 미워하며 말하기를 "이런 사람들은 나에게 없는 거나 마찬가지다."라고 할 것이다. 그렇다면 하느님과 귀신이 그런 사람들에게 벌을 주고 심지어 그 사람들을 버린다고 해도 당연한 일이 아니겠는가?

장례는 검소하고 절제가 있어야 한다

옛날 성왕들은 장례를 지내는 원칙을 제정하여 말하길 "관의 두께는 세 치(한 치는 약 3.3센티미터)로 하여 시신을 충분히 덮을 수 있게 하고, 수의는 세 벌을 장만하여 흉한 것을 충분히 덮을 수 있으면 된다. 시신을 묻을 때에는 아래로는 지하수에 닿지 않게 하고 위로는 시체 썩는 냄새가 새어 나오지 않을 정도로 흙을 덮는다. 봉분의 넓이는 약 세 척(한 척은 약 30센티미터) 정도로 만들면 된다. 장사를 지낸 다음에 유족들은 오래도록 곡을 하지 말고 빨리 하던 일에 종사하며, 각자 능력을 발휘하여 서로 이롭게 해야 한다."라고 했다. 이것이 성왕의 법도인 것이다.

오늘날 성대한 장례와 삼년상을 주장하는 사람은 "성대한 장례와 삼년상이 가난한 사람들을 부유하게 하고 인구를 늘리며 혼란을 다스릴 수는 없지만, 이것은 성왕의 법도다."라고 말하는데, 이는 그렇지 않다.

옛날 요임금은 북쪽 오랑캐를 올바로 이끄는 중에 죽어서 묻혔는

데, 옷은 세 벌로 했고 좋지도 않은 닥나무로 관을 만들고 칡덩굴로 그 관을 묶어 묻었다. 관을 땅에 넣고 곡을 한 다음 메우기만 하고 봉분을 만들지 않았는데, 소와 말이 그 위를 지나다녔다고 한다.

순임금 역시 서쪽 오랑캐를 올바로 이끄는 중에 죽어 묻히게 되었는데, 요임금과 마찬가지로 옷은 세 벌로 했고, 닥나무로 만든 관에 넣어 칡덩굴로 그 관을 묶어 봉분도 없이 평평하게 땅에 묻었는데, 사람들이 그 위를 걸어 다녔다고 한다.

우왕 또한 동쪽의 오랑캐를 올바로 이끄는 중에 죽어 묻히게 되었는데 옷은 세 벌이었고 관은 두께가 세 치인 오동나무로 만들고, 칡으로 얽어맨 다음 땅에 묻었다. 묘는 깊이가 아래로는 지하수에 닿지 않고, 위로는 냄새가 새어 나오지 않을 정도만 팠고, 시체를 묻고 남은 흙으로 봉분을 올렸는데 봉분의 높이는 세 척 정도에 그쳤다. 이 세 성왕의 장례로 볼 때, 성대한 장례와 삼년상은 분명 성왕의 도가 아니다. 세 왕이 귀하기로는 천자였고, 부유하기로는 천하를 가졌는데 장례에 쓸 재물이 부족해서 그렇게 했겠는가. 아니다. 그렇게 하는 것이 장례의 법도라고 여겼기 때문이다.

오늘날 군주와 대신들이 장사 지내는 모습은 성왕들의 장례와 다르다. 관은 바깥 관과 안의 관이 따로 있고, 꽃무늬가 있는 가죽으로 세 번을 묶으며, 속에는 귀한 옥과 구슬은 물론이고 창과 칼, 솥과 북, 거울, 수를 놓은 옷과 흰색 천, 말의 목에 대는 큰 가죽 띠와 많은 옷가지, 수레와 말, 악기 등 모든 것을 다 갖추어 넣는다. 그러고는 말하길 "단단하게 무덤을 쌓아 밖과 통하지 않게 하고, 봉분의 높이는 웬만한 산처럼 해야 한다."라고 한다. 이렇게 장사를 지내니 백성들은 생업에 종사하지 못하고, 또 재물을 얼마나 낭비하는지 이루 헤아릴 수가 없다. 이런 성대한 장례와 삼년상은 쓸모없는 것이다.

오늘날 성대한 장례와 삼년상을 주장하는 사람들은 "성대한 장례와 삼년상이 성왕의 도가 아니라면 어째서 군자들이 이것을 버리지 않고 계속해서 실행하겠는가?"라고 말하는데, 그것은 인습에 젖어서 그것을 좋은 것이라고 여기고 살아왔기 때문에 그런 것이다. 옛날 월나라 동쪽에 있는 해목(輆木)이라는 나라에서는 맏아들이 태어나면 찢어서 먹었는데 다음에 태어날 동생에게 좋다는 이유 때문이었다. 또한 할아버지가 돌아가시면 할머니를 등에 업어다 버렸는데, 그 이유는 귀신의 아내와 함께 살 수 없기 때문이라는 것이다. 이런 곳에서는 위정자들이 그렇게 정치를 했기 때문에 백성들이 이것을 풍속으로 여겨 계속 실행해 왔는데, 이것을 어떻게 인의를 행하는 큰 도리라고 하겠는가?

또 초나라 남쪽에 있는 염인국(炎人國)에서는 부모나 친척이 죽으면 죽은 사람의 살을 썩혀서 버리고 뼈만 땅 속에 묻었는데, 이렇게 해야만 효자가 된다는 것이다. 그리고 진(秦)나라 서쪽에 있는 의거(儀渠)라는 나라에서는 부모나 친척이 죽으면 나무를 모아서 시체를 불에 태웠는데, 이때 연기가 하늘로 솟아오르면 신선이 되었다고 말한 뒤 죽은 사람의 후손을 효자로 여겼다. 이 역시 그 나라의 위정자들이 그렇게 정치를 했기 때문에 백성들이 이것을 풍속으로 여기고 계속해 온 것이다. 이것을 어찌 진실한 인의의 도리라고 하겠는가? 이 모든 것이 인습을 좋은 풍속으로 여긴 결과다.

이 세 나라의 풍속을 살펴보면 효도하는 마음이 매우 부족하고, 군자들의 예절을 살펴보면 효도하는 마음이 지나치게 넘친다. 장례는 이렇게 지나치게 부족하거나 넘치지 않아야 하며 반드시 절제가 있어야 한다. 먹고 입는 것은 살아 있는 동안 가장 중요한 것이므로 당연히 절제가 있어야 하며, 마찬가지로 장례 또한 죽은 사람에게 가장 중요한 것이니 절제가 없어서야 되겠는가?

관의 두께는 세 치로 해서 시체가 충분히 썩을 정도로 하고, 옷은 세 벌을 입혀 살이 충분히 썩을 정도로 하면 된다. 땅은 밑에서 물기가 새어 나오지 않을 정도의 깊이로 파고, 위로 냄새가 새어 나오지 않도록 하면 된다. 무덤의 높이는 묘인지 아닌지 알아볼 수 있을 정도면 되고, 곡하는 것은 묘에 갈 때와 집으로 돌아올 때 하면 된다. 집에 돌아와서는 먹고 입을 재물을 생산하는 일에 종사할 것이며, 제사에 쓰이는 물건을 만들어 부모님께 효를 다해야 한다. 오늘날 천하의 사대부 군자들이 진정 인의를 실천하고 훌륭한 선비가 되길 원하며, 위로는 성왕의 도에 부합하고자 하고 아래로는 나라와 백성들의 이익에 부합하고자 한다면 마땅히 장례를 검소히 하는 데 힘써야 할 것이니, 이것이 올바른 도리이고 원리다.

절장 역시 절용과 비슷한 개념으로 묵자 사상을 대표하는 중요한 개념 중 하나다. 이 편에서 묵자는 죽은 이에게 예의를 다하면서도 살아 있는 사람들의 처지와 형편도 아울러 생각하는 간소한 장례식을 주장한다. 오늘날의 관점에서 보면 매우 타당한 이 주장은 유가의 호된 비판을 받게 된다.

사실 당시에도 삼년상과 호화로운 장례 문화는 가진 자들의 허례허식일 뿐이지 가난한 백성들이 따라서 할 수 있는 것은 아니었다. 당장 먹고 사는 일에서도 허덕이는데 3년 동안이나 일하지도 않고 상을 지켜야 하는 것도 문제지만, 갖가지 호화로운 부장품들을 넣고 관이나 수의에 많은 돈을 들이는 일은 일반 백성들로서는 엄두도 내기 힘든 일이었다. 그런데도 유가에서는 일반 백성의 처지를 고려하지 않고 지배 계층의 입장에 서서 장례의 형식적인 절차와 기간을 강조했던 것이다.

현재 중국의 장례 문화를 보면 장례식 일체를 화장장에서 치르고 있다. 사회주의 정권이 들어서기 이전까지만 하더라도 중국 대륙은 '거대한 묘지'라고 불릴 정도로 어디를 가나 묘지가 **빽빽**하게 들어차 있었다. 그러나 사회주의 정권이 강력하게 매장을 금지하는 법을 시행하여 현재는 화장률이 100퍼센트에 달한다고 한다. 홍콩의 경우도 1963년부터 적극적으로 화장을 권장하는 정책을 실시해 현재 화장률이 75퍼센트에 이른다. 또한 홍콩은 묘지 부족 때문에 6년 동안만 매장토록 하는 시한부 묘지 제도를 1970년대에 이미 도입했고 묘의 면적도 0.65평 이하로 엄격히 제한하고 있다. 홍콩이 매장을 강조하는 유교 전통을 우리보다 빨리 청산했던 이유는 살인적인 인구 밀도 때문인데 이는 우리에게도 시사하는 바가 크다.

묘지 문제를 해소하기 위해 최근에는 새로운 장묘 방식들이 등장하고 있다. 산골(散骨)이나 수목장(樹木葬)처럼 보다 자연 친화적인 장묘 방식이 그것이다. 산골이란 화장한 뒤 납골당에 유골을 두지 않고 유골을 가루로 만들어 강이나 산 혹은 지정된 장소나 시설에 뿌리는 장례 방식이다.

수목장은 말 그대로 유골을 나무 아래 파묻거나 나무 주위에 뿌리는 장례 방식이다. 고인의 이름을 가지에 걸거나 고인의 추억과 관계된 문구가 새겨진 동판을 나무 옆에 두는 방법이 주로 사용된다. 이 밖에도 유골 가루를 바다에 뿌리는 해양장, 산호 숲에 뿌리는 산호장 등 다양한 산골 형태가 있다.

이처럼 현대 사회에서도 논란거리가 되고 있는 절장의 문제를 묵자는 2,500년 전에 제기했다. 물론 묵자가 이 문제를 제기한 이유는 살아있는 사람들의 삶에 도움이 되지 않는 장례 방식과 삼년상은 불

필요하다고 보았기 때문이다. 물자의 낭비는 물론 시간의 낭비, 토지의 낭비 등을 줄이자는 절장의 견해를 보면 묵자가 진정으로 합리적이고 실용적인 현실주의자요, 백성들의 편에 서 있는 사상가였음을 알 수 있다.

7. 천지 (天志) – 하늘의 뜻이 옳고 그름의 기준이다

묵자는 하늘을 관념적이고 추상적인 존재가 아니라 절대적이고 인격화된 존재로 인식했다. 즉 하늘이 가장 귀하고 높은 권위를 지녔으며 인간 세계의 가장 높은 존재인 천자를 승인하고 그의 정당성을 판단하는 존재로 여겼다. 또 여기서 '의'란 백성을 사랑하는 행위를 말하는데, 누구든지 하늘의 뜻에 따라 백성을 두루 사랑하고 자기 일에 열중하면 상을 받지만, 하늘의 뜻에 반하여 사람들에게 해를 주면 반드시 벌을 받게 된다는 것이다. 그래서 '천지', 즉 '하늘의 뜻'이란 인간의 말과 행동, 인간의 옳고 그름을 가리는 기준이 된다.

작은 것은 알면서 큰 것을 모른다

지금 천하의 선비와 군자들은 작은 것은 알면서도 큰 것을 모른다. 그것을 어떻게 알 수 있는가? 그들이 살아가는 모습을 보면 알 수 있다. 만약 집에서 가장에게 죄를 지으면 이웃집으로 도망갈 수야 있겠지만 그 부모나 형제, 아는 사람들 모두가 "경계하고 삼가야 한다. 어찌 집안에 살면서 가장에게 죄를 지을 수 있단 말인가?"라고 할 것이다.

집안에서만 그런 것이 아니라, 나라에서도 마찬가지다. 군주에게 죄를 지으면 이웃나라로 도망갈 수야 있겠지만 역시 그 부모나 형제, 아는 사람들 모두가 "경계하고 삼가야 한다. 어찌 군주에게 죄를 짓고도 괜찮을 수 있겠는가?"라고 할 것이다. 이렇듯이 도피할 곳이 있다고 해도 경계하고 삼가야 하는데, 도피할 곳이 없다면 더욱 경계하고 삼가야 하지 않겠는가?

옛말에 이르기를 "이렇게 밝은 대낮에 죄를 지으면 장차 어디로 피할 것인가?"라고 했는데, 이는 도피할 곳이 없음을 뜻한다. 하늘은 숲이나 깊은 계곡, 한적하고 사람이 없는 곳이라 해도 훤히 보고 있다. 그러나 천하의 군자들은 하늘이 보고 있다는 사실을 대수롭지 않게 여기고, 서로 경계하고 삼가는 것을 모른다. 그래서 작은 것은 알면서도 큰 것을 알지 못한다고 말한 것이다.

하늘이 바라는 것 - 의로움

하늘은 무엇을 바라고 무엇을 싫어하는가? 하늘은 의를 바라고 불의를 싫어한다. 그러니 천하의 백성들에게 의를 행하는 것이 곧 하늘이 바라는 것을 행하는 것이다. 만일 사람들이 하늘이 바라는 것을 행하면 하늘 또한 사람들이 바라는 것을 해 준다. 그렇다면 무엇으로 하늘이 의를 바라고 불의를 싫어한다는 것을 알 수 있는가? 그것은 천하의 사람들이 의로우면 살고 의롭지 않으면 죽으며, 의로우면 부유해지고 의롭지 않으면 가난해지고, 의로우면 다스려지고 의롭지 못하면 혼란스러워지는 것으로 알 수 있다.

의로움이란 사람들을 올바로 다스리는 것이다. 다스리는 것은 아래에서 위로 향할 수 없고 오직 위에서 아래로 향하게 되어 있다. 백성들은 선비가 다스리고 선비는 장군이나 대부가 다스린다. 장군이나 대부는 삼공과 제후가 다스리고 삼공과 제후는 천자가 다스린다. 그렇다면 천자는 누가 다스리는가? 천자도 또한 자기 마음대로 세상을 다스릴 수 없으니 하늘이 있어서 그를 다스린다.

그런데 천자가 삼공과 제후와 선비와 백성을 다스리는 것은 천하의 선비와 군자가 잘 알고 있지만, 하늘이 천하의 백성과 천자를 다스린다는 사실은 아직 잘 모르고 있다. 옛날 삼대의 성왕들인 우왕, 탕왕, 문왕, 무왕은 하늘이 천자를 다스린다는 것을 백성들에게 분명하게 알리려고 했다. 그래서 소나 양에게 꼴을 먹이고 개나 돼지를 기르며 제삿밥과 술과 단술을 깨끗이 담아 하늘과 귀신에게 제사를 드리며 복을 빌었다. 이제까지 하늘이 천자에게 복을 빌었다는 말을 들어

본 적이 없다. 그런 까닭에 하늘이 천자를 다스리고 있다는 것을 아는 것이다.

하늘의 뜻에 순종한 왕, 하늘의 뜻에 거스른 왕

천자는 천하에서 가장 귀하고 부유한 사람이다. 그러니 고귀하고 부유해지길 바라는 사람은 마땅히 하늘의 뜻에 순종해야 한다. 하늘의 뜻에 따르는 사람은 서로 사랑하고 서로를 이롭게 하여 반드시 하늘의 상을 받는다. 하늘의 뜻을 따르지 않는 사람은 사람을 차별하여 서로 미워하고 서로 해롭게 해서 하늘의 벌을 받는다.

그러면 누가 하늘의 뜻에 순종하여 상을 받고 누가 하늘의 뜻을 어겨서 벌을 받았는가? 옛날 삼대의 성왕인 우왕, 탕왕, 문왕, 무왕은 하늘의 뜻에 따라서 상을 받았고, 삼대의 포악한 왕인 걸왕, 주왕, 여왕, 유왕은 하늘의 뜻을 어겨서 벌을 받았다. 성왕들은 위로 하늘을 높이고 가운데로 귀신을 섬기며 아래로는 사람을 사랑했다. 그래서 하늘은 '이들은 내가 사랑하는 것을 사랑하고 내가 이롭게 하려는 것을 이롭게 한다. 그러니 이들은 사람들을 사랑함이 넓고 컸으며 사람들을 매우 이롭게 했다.'라고 여겼다. 그러기에 귀하기로는 천자가 되었고, 부유하기로는 천하를 다 차지하게 되었으며, 자손 대대로 훌륭함이 후손들에게 전해져서 널리 세상에 알려지게 되었으며, 지금까지도 성왕이라 칭송받는 것이다.

반대로 삼대의 포악한 왕들은 위로는 하늘을 비방하고, 가운데로는 귀신을 욕하며, 아래로는 사람들을 해롭게 했다. 이들은 사람들을 미워하는 것이 실로 넓고 컸으며, 사람들을 해롭게 함이 매우 심했다. 그래서 하늘은 '이들은 내가 사랑하는 것을 차별하여 미워하고 내가 이롭게 하려는 것을 해쳤다. 그러니 이들은 너무나 널리 사람을 미워하고 너무나 심하게 사람을 해쳤다.'라고 여겼다. 그러기에 이들은 주어진 수명을 다 누리지도 못했고, 세상을 다스린 기간은 한 세대를 못 넘겼으며 지금까지도 포악한 왕으로 일컬어진다.

올바른 정치와 그릇된 정치

하늘의 뜻을 따르는 것이 의로운 정치고 하늘의 뜻을 거스르는 것이 힘의 정치다. 그러면 의로운 정치는 어떻게 하는 것인가? 큰 나라가 작은 나라를 공격하지 않고 큰 집안이 작은 집안을 빼앗지 않으며, 강자가 약자를 위협하지 않고 귀한 자가 천한 자에게 오만하지 않으며, 꾀 많은 자가 어리석은 자를 속이지 않게 하는 것이다. 이렇게 하면 반드시 위로는 하늘, 가운데로는 귀신, 아래로는 사람들 모두에게 이롭다. 이 세 가지에 다 이로우면 이롭지 않은 것이 없다. 그래서 그 세 가지 모두를 이롭게 한 사람에게는 천하에서 가장 아름다운 이름 인 '성왕'이라 부른다.

힘의 정치를 하는 사람은 의로운 정치를 하는 사람과 다르다. 말도 다르고 행동도 반대되어, 마치 반대 방향으로 달려가는 것과 같다. 큰 나라는 작은 나라를 공격하고, 큰 집안은 작은 집안을 빼앗으며, 강자 는 약자를 위협하고, 귀한 자는 천한 자에게 오만하고, 꾀 많은 자는 어리석은 자를 속이게 하는 것이다. 이는 위로는 하늘에, 가운데로는 귀신에, 아래로는 사람에게 이롭지 않다. 이 세 가지에 이롭지 않게 되니 그 무엇에도 이롭지 않다. 그래서 세상에서는 그에게 이름 붙이 기를 '포악한 왕'이라 한다.

지금 천하의 군자들이 인과 의를 행하려면, 의가 어디에서 나오는 지 살펴야 한다. 그러면 의는 어디에서 나오는 것일까? 그것은 지혜롭 고 귀한 사람에게서만 나온다. 왜냐하면 의라는 것은 좋은 정치이므 로 의가 있으면 천하가 잘 다스려지고 의가 없으면 잘 다스려지지 않 기 때문이다. 무릇 어리석고 천한 사람은 귀하고 지혜로운 사람을 다 스릴 수 없다. 지혜로운 사람이 된 뒤라야 어리석고 천한 사람을 다스 릴 수 있는 법이다. 그러면 누가 귀하고 지혜로운 사람인가? 지혜롭 고 귀한 사람이란 제후나 대부도 아니고 천자도 아닌 바로 하늘이다. 그렇다면 의는 하늘로부터 나오는 것이다.

지금 천하의 사람들은 "하늘이 천자보다 귀하고 지혜로운지는 모르겠다."라고 말한다. 그러나 하늘이 천자보다 귀한 데에는 그 까닭이 있다. 천자가 선을 행하면 하늘이 상을 주고 천자가 포악한 짓을 하면 하늘이 벌을 내린다. 천자에게 질병이나 재앙이 오거나 불행한 일이 생겼을 때 몸가짐을 깨끗이 하고 정성껏 술과 단술과 제삿밥을 담아 하늘과 귀신에게 제사를 지내면 하늘은 질병이나 재앙, 불행한 일을 제거해 준다. 그러나 하늘이 천자에게 복을 빌었다는 말은 들은 적이 없다. 하늘이 천자보다 귀하고 지혜로운 까닭은 이것만이 아니다. 옛 선왕들의 글에 "밝은 도리를 알고 지혜로운 하늘이 이 세상을 비추고 있다."라고 했는데 이 말은 하늘만이 귀하고 지혜로운 존재라는 뜻이다. 그러므로 의는 하늘로부터 나오는 것이다.

지금 천하의 군자가 진실로 도를 따르고 백성을 이롭게 하려면 하늘의 뜻을 살펴야 한다. 그런데 하늘의 뜻이란 것이 도대체 무엇인가? 하늘의 뜻은 사람에게 힘이 있으면 서로 돕고, 도가 있으면 서로 가르치고, 재물이 있으면 서로 나누어 갖게 하는 것이다. 또한 안으로 굶주린 자를 먹이고 피로한 자를 쉬게 하며 천하의 백성을 부양하는 것이다. 이렇게 하면 군주와 신하, 위와 아래가 은혜롭고 충성스럽게 될 것이며 부모와 자식, 형제자매 사이에는 사랑과 효도가 넘칠 것이다. 그러므로 하늘의 뜻을 잘 받들어 천하에 널리 베풀면 형벌과 행정이 잘 이루어져서 모든 백성이 화목하고, 국가는 부유해져서 재물이 넉넉해지며, 백성들은 따뜻한 옷을 입고 배불리 먹어 근심이 없을 것이다.

천자가 천하를 소유하는 것은 비유하자면 군주나 제후가 사방의 땅을 소유하는 것과 같다. 자신의 땅을 갖고 있는 군주나 제후가 그 안에 있는 신하나 백성들에게 이롭지 않은 일을 할 수 있겠는가?

만일 큰 나라가 작은 나라를 공격하고 큰 집안이 작은 집안을 혼란하게 하면서 하늘의 상과 명예를 받으려 한다면 도리어 벌만이 돌아올 것이다. 하늘이 천하를 소유한 이유도 이와 다르지 않다. 즉 천하를 이롭게 하기 위함이다. 누구든지 하늘의 뜻을 거스르고 하늘이 원하며 바라는 일을 하지 않는다면, 하늘 또한 사람이 원하지 않는 일을 할 것이다.

그러면 사람이 원하지 않는 일은 무엇인가? 그것은 질병과 재앙이다. 만일 사람이 하늘이 원하는 것을 따르지 않고 하늘이 싫어하는 것을 행한다면 이는 곧 천하의 백성을 이끌고 재앙 속으로 들어가는 것과 같다. 그러므로 옛날의 성왕들은 하늘과 귀신이 누구에게 복을 주고 누구에게 벌을 내리는가를 밝게 알아서 천하에 이로운 일을 하고 해로운 것을 피하고자 했다. 그런 까닭에 하늘은 추위와 더위를 어김없게 하고 사계절을 알맞게 조화시키며 오곡을 잘 여물게 해 주고 소, 말, 양, 돼지, 닭, 개의 여섯 가축을 잘 자라게 해 주어 온갖 재앙과 질병, 흉년과 기근이 없도록 해 주었다.

남을 이롭게 하는 사람, 남을 해롭게 하는 사람

하늘은 온 천하의 백성들을 사랑하여 만물을 잘 길러 이들을 이롭게 해 준다. 하늘은 해와 달과 별을 만들어 밝게 비춰 주고, 사계절을 만들어 눈과 서리, 비와 이슬을 내려 주며, 오곡과 삼[마(麻)]을 잘 자라게 하여 백성들을 이롭게 했다. 산과 시내와 계곡을 두어 각기 그 맡은 역할을 제대로 하게 하고, 백성들의 선함과 선하지 않음을 살펴 왕과 제후의 자리를 정한 뒤 어진 이에게 상을 주고 포악한 자에게 벌을 주었다. 또한 금과 나무와 새와 짐승을 주어 백성들에게 먹을 음식과 입을 옷 그리고 재물로 쓰게 했다. 하늘이 사람을 깊이 사랑하는 증거는 여기서 그치는 것이 아니다. 하늘의 뜻을 따라서 남을 사랑하고 이롭게 하여 상을 받는 사람이 있고, 하늘의 뜻을 거슬러 남을 미워하고 해쳐서 벌을 받는 사람도 있는데, 이들에게 상벌을 내리는 것이 그 증거다.

남을 사랑하고 이롭게 하여 하늘의 상을 받은 사람은 누구인가? 요임금, 순임금, 우왕, 탕왕, 문왕, 무왕이다. 이들은 모두 겸애를 취하고 차별하지 않았기 때문에 상을 받았다. 이들은 위로는 하늘을 이롭게 하고, 가운데로는 귀신을 이롭게 하며, 아래로는 백성들을 이롭게 했다. 이 세 가지를 이롭게 하면 세상의 어느 것에도 이롭지 않음이 없으니 이를 일컬어 천덕(天德), 즉 '하늘의 덕'이라 한다.

사람을 미워하고 해쳐서 하늘의 뜻을 거스른 사람은 누구인가? 걸왕, 주왕, 여왕, 유왕이다. 이들은 큰 나라로 하여금 작은 나라를 침략하게 하고, 큰 집안으로 하여금 작은 집안을 혼란스럽게 만들게 하며, 강자로 하여금 약자를 위협하게 하고 많은 것으로 작은 것을 빼앗게 만들었다. 또한 거짓으로 어리석은 자를 속이게 하고 귀한 사람으로 하여금 천한 이를 업신여기게 했다. 이들의 행위는 위로는 하늘, 가운데로는 귀신, 아래로는 사람에게 이롭지 않은 것이다. 그래서 세상 어느 것에도 이롭게 함이 없으니 천적(天敵), 즉 '하늘의 적'이라고 한다. 이런 사람에게는 천하의 더러운 이름을 다 모아서 일컫기를 '어질지 못하고 의롭지 않으며 사람을 미워하고 해롭게 했으며 하늘의 뜻을 거슬러 벌을 받은 자다.'라고 한다.

하늘의 뜻에 순종하는 것이 옳은 법도다

하늘의 뜻에 순종하는 행동을 선한 행동이라 하고, 하늘의 뜻에 거스르는 행동을 선하지 않은 행동이라고 한다. 하늘의 뜻에 순종하는 말을 선한 말이라 하고, 하늘의 뜻에 반하는 말을 선하지 않은 말이라고 한다. 형벌과 행정도 역시 마찬가지다. 그러므로 하늘의 뜻을 법도와 준칙으로 삼아 천하의 군주와 삼공, 대부들의 어질고 어질지 않음을 헤아리는 것이다. 비유하자면 검은 것과 흰 것을 분별하는 것과 같다.

지금 천하의 모든 사람들은 하늘의 뜻을 법도로 삼아야 한다. 이는 마치 수레바퀴를 만드는 장인에게 그림쇠가 있고, 목수에게 곱자가 있는 것과도 같다. 장인과 목수가 그림쇠와 곱자로 둥글고 모난 것을 구분하듯이 사람도 하늘의 뜻을 기준으로 삼아야 한다. 그래야 세상의 군자들이 의로움에서 멀리 떨어져 있음을 알 수 있게 된다.

왜 그러한가? 오늘날 큰 나라의 군주는 "우리 큰 나라의 입장에서 작은 나라를 침략하지 않으면 어떻게 대국이라 하겠는가?"라고 말한다. 그래서 자기 나라의 날랜 군사들을 뽑아 배와 수레에 싣고 죄 없는 나라를 공격해, 농작물과 나무를 베고 성을 부수고 도랑과 연못을 메우고 사당을 불사르고 제사에 쓰는 동물들을 약탈하고 죽인다. 이웃나라 백성들 중에 반항하는 사람들은 모두 죽여 없애고, 반항하지 않는 사람들은 포로로 잡아 돌아온다. 남자들은 종이나 마부, 죄수로 삼고 여자들은 방아 찧는 노예로 부려 먹는다.

그러면서도 이것이 어질지 못하고 의롭지 못한 것임을 알지 못하고 사방의 제후들에게 "내가 다른 나라를 공격하여 군대를 없애고 적장도 천 명을 죽였다."라고 자랑한다. 그 이웃나라의 군주들도 또한 이것이 어질지 못하고 의롭지 못한 것임을 모른 채 가죽과 돈을 준비하고 창고의 물건들을 꺼내다가 그에게 바치며 연회를 베풀어 축하한다. 그래서 세상에는 전쟁이 그치지 않는다. '큰 것에 어둡다.'라고 한 것은 바로 이것을 말하는 것이다.

오늘날 천하의 제후들은 서로 남의 나라를 침략하여 그 나라를 빼앗고 있다. 이것은 한 사람의 죄 없는 사람을 죽이는 것보다 수천수만 배나 큰 죄이며, 남의 집 담장을 넘어 남의 자녀를 빼앗는다거나 남의 창고를 부숴 금이나 옥, 비단 등을 훔치는 것보다 수천수만 배나 큰 죄다. 그런데도 천하의 제후들은 의로운 일이라고 말한다.

지금 천하의 정치를 한다는 사람들이 자신의 나라에서는 살인을 하지 못하게 하면서 자기 나라의 날랜 군사들이 전쟁에 나가 이웃나라 백성들을 수없이 죽이는데 이것을 오히려 크게 의롭다고 하니, 이는 흑백을 구별하지 못하고 단맛과 쓴맛을 구별하지 못하는 것과 무엇이 다르겠는가?

그러므로 오늘날 군주와 대신, 벼슬하는 사람들이 진심으로 인의를 행하며 훌륭한 선비가 되려고 하고, 위로는 성왕의 도에 맞고 아래로는 나라의 백성을 이롭게 하고자 한다면 반드시 하늘의 뜻을 살펴야 한다. 하늘의 뜻이 의로움의 도리며 법도다.

천지편은 중국 고대의 '경천 사상'에 근거해서 묵자 자신의 비폭력 평화주의를 주장한 편이라고 할 수 있다. 여기서 말하는 '하늘'이란 일종의 절대적이고 인격화된 존재로서의 하늘이다. 그래서 흔히 기독교의 신 개념과 비교하여 설명되기도 하는데, 묵가나 유가 등에서 말하는 하늘의 개념은 기독교의 하느님 개념과는 다소 차이가 있다.

　기독교의 하느님 개념은 인간과 만물의 창조자로서의 하느님이자 인간을 주재하는 인간과 유사한 존재로서의 하느님, 즉 의인화된 하느님이다. 이에 비해 중국 고대의 하늘이란 천지 만물을 낳고 기르는 창조자라는 측면은 비슷하나 인간과 유사한 존재는 아니다. 여기서 하늘은 생명력의 근원, 만물이 태어나고 자라고 성장하고 죽는 과정뿐만 아니라 사계절과 해와 달, 땅과 별의 운행을 주재하는 근본 원인이라는 의미가 더 강하다. 다만 유가에서는 인간이 하늘의 기운을 타고난 존재이므로 스스로를 갈고 닦으면 하늘과 통하는 존재, 즉 성인이 될 수 있다고 보는데 비해 묵자는 하늘이 인간의 잘잘못을 가려 상벌을 내리는 초월적인 존재라는 측면에 더 무게를 두고 있다.

　이 천지편에서 묵자는 '하늘의 뜻'을 말하면서 군주들이 권력을 함부로 사용하여 백성들에게 폭정과 학정을 일삼으면 하늘의 벌을 받을 것이라고 경고하고 있다. 그리고 다른 나라를 함부로 침공하여 그 나라의 백성들을 죽이고 재물을 빼앗는 행위는 하늘의 뜻을 어기는 행위라고 강력하게 비판한다.

　이 점으로 미루어 보면 묵자는 당시의 사회구조상 천자나 군주, 삼공이나 경, 대부 등과 일반 백성으로 나뉘는 봉건적인 신분 질서를 인정했지만, 군주의 절대 권력을 제한하고 통제하는 수단으로 '하늘'

을 끌어온 것이라고 판단된다. 군주의 일방적인 권력과 독단적인 행위를 무조건 인정한다면 백성의 입장에 서서 사회 개혁을 하려고 했던 묵자와 같은 지식인층의 지위는 매우 불안하고 위험했을 것이다. 그래서 그들에게는 군주의 존재 자체를 부정하지 않으면서도 군주의 권력 자체를 견제할 수 있는 논리적 장치가 필요했으리라 보인다.

이런 이유로 묵자는 전통적으로 인정된 하늘의 권위와 사람들의 종교적 믿음을 빌어 군주의 권력 또한 하늘이 부여한 것이며, 그 권력은 군주 개인을 위해서 부여된 것이 아니라 천하의 공익을 위해 부여된 것이라고 주장한다. 하늘의 올바른 뜻 즉 인과 의, 겸애를 실현해야 권력은 그 정당성을 확보할 수 있으며 정당성이 없는 권력은 하늘의 뜻에 의해 멸망한다는 논리다. 그래서 인과 의 모두 하늘의 뜻이므로 이를 어기지 말라고 주장한다.

이렇게 백성들을 사랑하는 의로운 정치, 즉 '의정' 사상과 다른 나라를 공격하거나 다른 사람에게 해를 주지 않아야 한다는 '비폭력 평화' 사상은 고대로부터 내려온 도덕적인 존재인 성왕과 포악한 정치를 통해 나라를 잃은 폭왕의 대비에서도 잘 드러난다. 또한 올바른 통치자의 정당한 지배와 백성들의 생활 안정과 평화를 함께 꿈꿨다는 점에서 지배와 피지배의 이분법적인 갈등 구조보다는 조화를 추구했음을 알 수 있다. 이런 점에서 묵자는 지배자의 입장을 옹호했던 당시의 대다수 사상들과는 달리 지배자와 피지배자 모두가 상생해야 한다는 논리를 펼치면서 실질적으로는 피지배자의 입장을 옹호했다고 할 수 있다.

8. 명귀(明鬼)-귀신을 밝힌다

명귀란 말 그대로 '귀신에 대해 밝힌다.'라는 뜻이다. 묵자는 이 명귀편에서 고대의 문헌에 나타난 여러 가지 사례를 들어 귀신이 존재한다고 말한다. 묵자가 그렇게 주장한 이유는 하늘과 마찬가지로 귀신도 또한 어진 사람에게는 상을 내리고 포악한 사람에게는 벌을 내린다는 것을 강조하여 잘못을 범하지 않도록 유도하기 위한 것이다. 결국 이 편에서 묵자는 귀신은 실제로 존재하며 귀신의 뜻 또한 올바른 것이므로, 천하의 이익에 맞게 행동해야 한다고 말한다.

귀신의 존재를 의심하는 것이 혼란의 원인이다

옛날 삼대의 왕들이 죽은 뒤로 세상에는 의가 사라지고 제후들은 힘으로 정치를 하게 되었다. 그래서 군주와 신하, 윗사람과 아랫사람 사이가 은혜롭거나 충성스럽지 못하고, 부모와 자식, 형과 아우 사이도 자애롭거나 효성스럽지 못하며, 공경하고 우애하는 마음이 사라지게 되었다. 관리들은 나라의 일을 처리하는 데 힘쓰지 않고, 신분이 낮은 사람들은 자신이 맡은 일에 힘쓰지 않게 되었다. 백성들은 난폭하여 반란을 일으키고 도적질을 하며, 무기와 독약, 물과 불로 길에서 아무 죄도 없는 사람들을 가로막고는 수레와 말과 옷들을 빼앗아 자기 것으로 삼으니 천하는 혼란스러워졌다.

이런 일들이 생긴 까닭은 무엇인가? 이는 모두 귀신의 존재를 의심하여, 귀신이 어진 사람에게는 상을 주고 포악한 자에게는 벌을 준다는 사실을 몰랐기 때문이다.

만일 세상 사람들에게 귀신이 있다는 사실을 믿게 한다면 세상이 어찌 혼란스럽겠는가? 지금 귀신이 없다고 주장하는 사람들은 "귀신은 본래 없다."라고 말한다. 그리고 아침부터 저녁까지 천하에 이것을 가르치고 다녀서 사람들이 귀신이 있는지를 의심하게 만들고, 사람들로 하여금 귀신이 있는지 없는지를 분별하는 것에 의혹을 갖게 한다. 그렇기 때문에 천하가 혼란스러워진 것이다.

지금 천하의 군주와 대신과 군자들이 진정 천하의 이익을 일으키고 해악을 제거하기를 원한다면 곧 귀신이 있는지 없는지부터 밝히지 않으면 안 된다. 그렇다면 귀신이 있는지 없는지를 어떻게 알아낼 수 있을까?

귀신이 없다고 주장하는 사람들은 이렇게 말한다. "세상에는 귀신에 대해 보고 들었다고 말하는 사람들이 적지 않지만, 그중에 누가 과연 보고 들었다는 것인가?" 옛날 두백(杜伯)에 관한 일을 예로 들수 있다. 주나라 선왕(宣王)이 아무 죄도 없는 신하인 두백을 사형에 처하려 하자 두백이 "왕께서 나를 죽이려고 하시는데, 저는 아무 죄가 없습니다. 만일 제가 죽어서도 죽은 이유를 모른다면 어찌할 수 없는 일이지만, 죽어서 무언가를 알 수 있다면 3년 안에 왕께 나타나 복수할 것입니다."라고 했다.

그 뒤 3년이 지난 어느 날 선왕이 수백 대의 수레와 수천 명의 사람들을 데리고 사냥을 나갔다. 해가 중천에 떴을 때 죽은 두백이 붉은 옷을 입고 붉은 모자를 쓰고 흰 말이 끄는 수레를 타고 나타나서는 붉은 활에 붉은 화살을 끼워 선왕의 뒤를 쫓아가 화살을 쏘았다. 선왕은 가슴에 화살을 맞아 등골이 부러지고 거꾸로 넘어져 죽었다. 이때 선왕과 함께 사냥을 따라 나온 주나라 왕실의 사람들이나 멀리 있던 사람들 중에 이것을 보고 듣지 못한 사람은 아무도 없었다. 그리고 이 사실은 《춘추(春秋)》에도 기록되어 있다. 그 뒤 왕들은 이것을 신하에게 가르치고 아버지는 자식들에게 경계하여 말하기를 "조심하고 삼가하라. 아무 죄도 없는 사람을 죽이면 재앙이 내린다. 귀신이 내리는 벌은 이렇게 처참하고 빠르다."라고 했다. 이 책에 전하는 것을 보건대 어찌 귀신의 존재를 의심할 수 있겠는가?

귀신에 대한 이야기는 책 속에만 있는 게 아니다. 옛날 진(秦)나라 목공(穆公)이 어느 날 사당에 머무르고 있는데, 귀신이 사당 문으로 들어와 왼쪽에 앉는 것을 보았다. 몸은 새와 같고 소복을 입었으며 얼굴은 단정한 모습이었다. 목공이 이것을 보고 무서워 도망치려고 하자 귀신이 이렇게 말했다. "무서워하지 마라. 하느님이 그대의 덕행을 아시고 그대의 수명을 19년 연장하여 그대로 하여금 나라를 발전시키고 자손을 번성하게 하셨으니 덕을 잃지 않도록 하라." 목공이 귀신에게 누구냐고 묻자 귀신은 자신이 구망(句芒, 복희씨를 보좌하며 동쪽 하늘을 측정하고 봄을 관리했다는 귀신)이라고 했다. 이에 목공이 귀신의 몸체를 보고 본보기로 삼았다고 하는데, 귀신이 있다는 것을 어찌 의심하겠는가?

또한, 옛날에 제나라 장공(莊公)의 신하 중에 왕리국(王里國)과 중리요(中里徼)가 있었는데, 두 사람은 3년간 소송을 벌였지만 좀처럼 판결이 나지 않았다. 제나라 군주가 이 둘을 죽이려 했으나 죄 없는 사람을 죽일까 두려웠고, 두 사람 다 석방하려니 죄 있는 사람을 석방하려는 것 같아 걱정되었다. 그래서 두 사람 앞에 염소 한 마리를 끌어다 놓고 제나라 사당 앞에서 맹세하게 했는데 두 사람 모두 좋다고 했다. 이에 도랑을 파고 염소의 목을 베고는 왕리국에게 먼저 맹세의 말을 하게 하자 왕리국은 맹세의 말을 무사히 마칠 수 있었다.

그런데 중리요가 말을 반도 채 마치기 전에 죽은 염소가 일어나 뿔로 받아 중리요는 그 자리에서 죽었다. 이때 그곳에 있던 제나라 사람들은 이 모습을 분명히 보았고, 멀리 있는 사람들도 이 소문을 듣지 않은 이가 없었으며, 이 사실은 제나라 역사책 《춘추》에도 기록되어 있다. 제후들이 이 이야기를 듣고 서로 말하기를 "맹세하는 것이 무엇이든지 간에, 진실하게 말하지 않으면 귀신이 처참하고 빠르게 벌을 내린다."라고 했다. 이 책에서 말하는 것을 살펴볼 때 어찌 귀신이 없다고 할 수 있겠는가? 그러므로 아무리 깊은 계곡, 넓고 큰 숲, 사람이 살지 않는 곳이라 해도 행동을 삼가고 조심해야 한다. 귀신이 모든 것을 다 보고 있기 때문이다.

옛날의 성왕들은 귀신이 있다고 믿어 힘써 받들었다. 그리고 후세의 자손들이 이를 알지 못할까 두려워 대쪽과 비단에 기록하여 남겨주었다. 어떤 사람은 그 기록이 썩거나 좀먹어 없어져 후세의 자손들이 알지 못할까 두려워 쟁반이나 그릇에 조각하거나 쇠나 돌에 새겨 소중한 마음을 표현했다.

《서경》〈주서〉에만 귀신이 나오고 〈상서(商書, 은나라의 역사책)〉와 〈하서(夏書, 하나라의 역사책)〉에는 없다면 법으로 삼는 데 충분하지 않다. 그러나 〈상서〉와 〈하서〉를 보면 귀신이 있음을 확인할 수 있다. 이렇듯이 옛날 성왕들의 예만이 아니라 옛날 책의 기록을 보더라도 귀신이 있음을 어찌 의심할 수 있겠는가?

귀신은 어진 이에게 복을, 악한 이에게는 벌을 내린다

귀신이 어진 이에게 상을 주고 포악한 자에게 벌을 내리는 것을 나라와 백성들에게 널리 알려 정치를 한다면, 나라를 잘 다스리고 온 백성을 이롭게 할 수 있다. 관리가 관청을 다스리면서 청렴하지 못하다든가 남녀의 구별이 없어 음란하다든가 하면 귀신은 벌써 이런 사실을 알 수 있다. 백성들 가운데 난폭한 짓이나 도적질을 일삼아 무기나 독약, 물과 불 등으로 길에서 죄 없는 사람을 막고 그들의 수레와 말, 옷 등을 빼앗아 제 것으로 만드는 사람이 있으면 귀신은 모두 보고 알 수 있다.

그렇기 때문에 모든 관리는 청렴하지 않을 수 없으며, 착한 일에는 상을 주고 포악한 일에는 벌을 내리지 않을 수 없다. 그렇게 되면 죄 없는 사람들을 괴롭히던 악인들도 나쁜 짓을 멈추게 되니 세상을 잘 다스릴 수 있게 된다. 귀신은 총명하기 이를 데가 없어서 사람들은 깊고 은밀한 곳이나 깊은 골짜기라도 숨을 데가 없다. 또한 귀신의 벌은 부귀하다든가 숫자가 많다든가 힘 있고 용맹하다든가 튼튼한 갑옷과 날카로운 무기를 갖추고 있다 하더라도 막을 수가 없다.

은나라 주왕은 귀하기는 천자였고, 부유하기는 천하를 갖고 있었으나 위로는 하늘을 욕하고 귀신을 무시했으며, 아래로는 수많은 백성들을 해치고 죽였다. 늙은 부모를 버리게 하고 어린아이들을 죽이며, 죄 없는 사람을 불태워 죽이고 아이를 밴 여자의 배를 가르는 등 포악한 짓을 다해 홀아비와 과부, 외로운 노인들은 원통해도 호소할 곳이 없었다. 그래서 하늘은 주나라 무왕에게 주왕을 징벌하도록 명했다. 무왕은 잘 가려 뽑은 수레 100대와 용감한 군사 400명을 데리고 은나라 군대와 싸웠는데, 이 싸움에서 무왕이 은나라의 용맹스런 장수인 비중(費中)과 악래(惡來)를 사로잡자 은나라 군대는 도망쳤다. 이에 무왕이 그들을 추격하여 궁중까지 쳐들어가 주왕의 목을 베어 죽이고, 그 목을 붉은 고리에 매달고 흰 깃발에 꽂아 천하의 제후들에게 하늘과 귀신을 거스른 죄인의 본보기로 삼았다. 이를 통해서 볼 때 귀신의 벌은 엄청난 부귀와 수많은 사람, 튼튼하고 날카로운 무기, 용맹한 군대로도 막을 수 없음을 알 수 있다.

귀신을 섬기면 모두에게 이익이다

오늘날 귀신이 없다고 주장하는 사람들은 이렇게 말한다. "귀신의 존재를 인정하는 것은 부모의 이익에 부합하지 않을 뿐만 아니라 오히려 효자로서의 도리를 해치는 것이 아닌가?" 또한 "귀신이란 정말 없다. 그래서 단술, 제삿밥, 제물을 바치지 않는다. 제물이 아까워서가 아니라, 그렇게 해 봐야 아무런 이익이 없기 때문이다."라고 말한다. 예로부터 귀신에는 하늘귀신, 산귀신, 물귀신, 사람이 죽어서 되는 귀신이 있다. 이 가운데 사람의 귀신을 말한다면 대체로 부모나 형님 아니면 누님이다. 이제 단술과 제삿밥을 정결하게 차려 놓고 공경하는 마음을 갖고 정성을 다해 제사를 지낸다고 했을 때, 만약 귀신이 있다면 돌아가신 부모 형제를 모시고 음식을 드시도록 권하는 것이니 이 얼마나 따스한 인정인가!

설사 귀신이 없다고 해도 단술과 제삿밥 등 음식을 준비하느라 비용이 적지 않게 들어가긴 하지만, 그것을 도랑에 쏟아 버리는 것은 아니다. 일가친척들과 동네 사람들이 모두 한자리에 모여 음식을 나누어 먹는다. 이것은 많은 사람들이 함께 즐기고 친해지는 좋은 기회다. 오늘날 천하의 군주나 대신, 군자들이 천하의 이익을 일으키고 해악을 없애려고 한다면, 마땅히 귀신이 존재함을 밝히고 존중해야 한다. 이것이 성왕의 도리다.

공자는 죽음과 귀신 섬기는 것에 대해 제자 계로(季路)가 질문하자 "삶도 모르는데 어찌 죽음을 알리오? 아직 사람도 섬기지 못하면서 어찌 능히 귀신 섬김을 알리오?"라고 대답한다. 《논어(論語)》를 읽어 보면 공자가 조상신과 사직신에게 제사 지내는 일에는 찬성하지만 천지를 떠도는 귀신과 혼령의 문제에 대해서는 명확하게 말하지 않음을 알 수 있다. 이것은 그만큼 공자가 합리적이고 인간 중심적인 사고를 중요하게 여겼다는 반증이기도 하다.

그러나 묵자는 유가와는 달리 귀신의 존재를 인정하는 것은 물론 귀신을 섬기는 문제에 대해서도 적극적인 자세를 보이고 있다. 귀신에 대한 묵자의 믿음은 의외로 비합리적으로 보이기도 한다. 그러나 귀신을 믿고 바르게 섬기자는 주장의 이면에는 선악에 대한 묵자 특유의 상벌 개념이 들어 있다. 묵자는 먼저 귀신의 존재를 믿지 않는 사람들을 조목조목 반박한다. 그러고 나서 결론적으로 귀신은 모든 일을 꿰뚫어 보고 있으며 착한 사람에게는 상을, 악한 사람에게는 벌을 준다고 주장한다. 귀신이 사람들의 선행과 악행에 대해 상과 벌로써 응수하는 존재임을 밝힌 셈이다.

그러면 묵자는 왜 당시의 일반적인 생각과도 배치되는 이런 주장을 한 것일까? 묵자는 '위로는 하늘, 가운데로는 귀신, 아래로는 백성'의 마음과 뜻을 모든 판단의 기준으로 보았다. 그리고 이 세 존재가 바라는 것과 배치되면 벌을 받는다고 주장한다. 그렇기 때문에 그는 하늘보다는 그 존재가 낮지만 역시 인간을 바르게 이끄는 존재인 귀신을 빌어 인간의 악행을 경계하고자 했던 것이다. 이는 선한 행동에는 반드시 귀신도 보답한다는 점을 강조함으로써 사람들이 선행에 힘쓰고, 악행을 멀리하도록 유도하고 있는 것이라 할 수 있다.

귀신의 존재를 인정하는 입장을 '미신'이라고 비판하거나 귀신 그 자체를 부정하는 사람들에게 굳이 귀신은 존재한다고 조목조목 반박

하는 묵자의 의도 속에는 바른 정치와 착한 행동에 대한 염원이 담겨
있다고 하겠다. 특히 귀신이 없다거나 믿을 필요가 없다고 하는 상대
편의 주장에 대해 옛 성왕들의 행적이나 옛 서적들의 내용을 인용하
여 반박하는 묵자의 모습은 매우 논리적이고 설득력이 있어 보인다.

9. 비악(非樂) – 음악을 반대한다

비악은 '음악을 반대한다.'라는 뜻이다. 그러나 음악을 반대한다는 것은 음악 자체의 가치와 효용에 대한 반대라기보다는 위정자들이 지나치게 음악을 즐기고 좋아할 경우 그에 따르는 갖가지 부작용에 대한 염려에서 나온 것이다. 이를테면 악기를 만들고 관리하고 연주하는 데 필요한 비용을 조달하기 위해 백성들에게서 지나친 세금을 거둬야 하고, 사람들이 음악에 빠지면 관리나 백성들 모두가 자신의 본업에 충실하지 못하게 될 것이기 때문에 반대한다는 것이다. 비악편에서도 역시 일반 백성들의 입장에 서서 그들을 대변하는 묵자의 마음을 엿볼 수 있다.

음악을 즐기는 것은 그릇된 일이다

어진 사람은 천하에 이익이 생겨나게 하고, 해로움을 없애기 위해 힘쓴다. 이것을 천하의 법도로 삼아 사람들에게 이익이 되면 행하고, 그렇지 않으면 그만 두는 것이다. 또한 어진 사람은 눈으로 보기에 아름다운 것, 귀로 듣기에 즐거운 것, 입에 단 것, 몸에 편안한 것을 추구하지 않는다. 이런 것들이 백성들의 입을 것과 먹을 것을 축내고 빼앗기 때문이다.

음악을 반대하는 까닭은 큰 종이나 북, 비파나 거문고, 피리와 생황 소리가 즐겁지 않다고 여겨서가 아니다. 조각한 무늬와 색깔이 아름답지 않다고 여기는 것도 아니며 소나 양, 개와 돼지 등의 고기를 불에 볶고 구운 맛이 달지 않다고 여기는 것도 아니다. 높은 누각, 큰 정자나 넓은 집에서 지내는 것이 편안하지 않다고 여기는 것도 아니다. 비록 몸이 그 편안함을 알고, 입이 그 단맛을 알고, 눈이 그 아름다움을 알고, 귀가 그 즐거움을 안다고 해도 위로 그것을 생각해 보면 성왕들의 일과 맞지 않고, 아래로 그것을 헤아려 보더라도 백성들의 이익과 맞지 않기 때문이다. 그렇기 때문에 음악을 즐기는 것은 그릇된 일이라고 하는 것이다.

지금 군주와 대신들은 악기를 만들어서 나라를 위한다는 구실로 음악 연주를 일삼고 있다. 그런데 이 음악이라는 것은 물을 푸거나 흙을 긁어모으는 것과는 다른 일이다. 반드시 많은 세금을 거둬서 큰 종이나 북, 거문고, 비파, 피리, 생황 등의 악기를 만든다. 비유하여 말하자면 악기를 만드는 것이 성왕이 배나 수레를 만든 것과 같다면 그릇된 일이 아닐 것이다.

옛날 성왕들도 일찍이 백성들에게 많은 세금을 거두어 배와 수레를 만들었는데 다 만들고 나서 "이것을 어디에 쓸까? 배는 물에서, 수레는 뭍에서 쓴다. 그러면 군자는 그 발을 쉬고, 백성들은 두 어깨를 쉬게 할 수 있을 것이다."라고 했다. 이에 백성들은 재물을 내주면서도 감히 원망하거나 한탄하지 않았는데, 배와 수레를 만드는 일이 오히려 백성들의 이익과도 일치했기 때문이다. 이처럼 악기를 만드는 일이 백성들의 이익과 일치한다면 잘못이라고 하지 않을 것이며, 악기를 사용하는 것이 마치 성왕들이 배와 수레를 사용하는 것과 같다면 반대하지 않을 것이다.

백성들에게는 세 가지 걱정거리가 있다. 굶주리는 자가 먹을 것을 얻지 못하고, 추위에 떠는 자가 옷을 얻지 못하며, 피로한 자가 휴식을 얻지 못하는 것, 이 세 가지가 백성들의 커다란 걱정거리다. 사정이 이와 같은데 만약 이 세 가지 걱정거리를 해결하기 위해 종을 치고 북을 두드리고 거문고와 비파를 뜯고 피리와 생황을 불면서 방패나 도끼를 들고 춤을 춘다면 백성들이 입고 먹을 재물은 어디서 얻을 수 있을 것인가? 결코 얻을 수 없을 것이다.

지금 큰 나라가 작은 나라를 공격하고, 큰 집안이 작은 집안을 치며, 강한 자가 약한 자를 협박하고, 다수가 소수에게 난폭하게 굴고, 사기꾼이 어리석은 자를 속이고, 귀한 자가 천한 자에게 오만하게 굴며, 반란을 꾀하고 도적질을 하는 자들이 함께 들고일어나도 막을 수가 없다. 그런데 만약 큰 종을 두드리고, 북을 치고, 거문고와 비파를 뜯고, 피리와 생황을 불면서 방패와 도끼를 들고 춤을 춘다면 천하의 혼란이 어떻게 다스려지겠는가? 결코 다스려지지 않을 것이다.

종을 치려면 노인이나 어린아이의 힘으로는 안 되기 때문에 농사 짓기에 바쁜 장정들을 동원해야 하고, 옷을 만들고 비단을 짜기에 도 바쁜 부인들을 동원해야 하므로 생업에 지장을 준다. 군자나 대인들이 음악을 듣는 동안은 정사를 소홀히 하거나 아예 할 수 없게 될 뿐만 아니라, 백성들은 생업을 중지하게 된다. 결국 백성들이 먹을 음식과 입을 옷 등 재산을 약탈하는 셈이니 음악을 즐기는 것은 해롭다. 제나라 강공(康公)은 음악과 무용을 부흥시키고 춤추는 이들이 거친 옷을 입어서는 안 되며 험한 음식을 먹어도 안 된다고 하여, 좋은 곡식과 고기를 먹게 하고 옷은 아름다운 무늬와 수를 놓은 것을 입도록 했다. 그런데 이들은 모두 입고 먹는 재물을 만드는 일에는 종사하지 않고 남에게 의존해서 먹고사는 사람들이었다.

음악이 그릇된 이유

잠시 시험 삼아 천하의 사람들에게 주어지고 나누어진 일을 헤아려 음악의 해로움을 따져 보자.

군주와 대신들은 일찍 조회에 나가고 늦게 퇴근하면서 형벌을 다스리고 정사를 처리하는데 이것이 그들에게 주어진 일이다. 관리들은 힘을 다 쏟고 지혜를 다해 안으로는 관청을 다스리고 밖으로는 관문이나 시장, 산림이나 연못에서 나는 이익을 거둬들여 나라의 창고를 채워야 하는데 이것이 그들에게 주어진 일이다. 농부들은 아침 일찍 나가 밤늦게 돌아올 때까지 밭을 갈고 씨 뿌리며 농사지어 나라에 바칠 곡물을 수확해야 하는데, 이것이 그들에게 주어진 일이다. 여자들은 아침 일찍 일어나 밤늦게 자기 전까지 실을 뽑고 길쌈을 하며 베와 누에실과 칡과 모시를 가지고 천이나 비단을 짜는데, 이것이 그들에게 주어진 일이다.

그런데 군주나 대신들이 음악을 좋아해 음악 듣기만을 일삼는다면 일찍 나가고 늦게 퇴근하면서 형벌을 다스리고 정사를 처리할 수 없게 된다. 관리들이 그러하면 나라의 창고를 채우지 못하게 되고, 농부들이 그러하면 수확을 할 수 없게 되며, 여자들이 그러하면 천이나 비단을 짜지 못하게 된다. 그렇다면 무엇이 대신들이 정사를 하고 미천한 사람들이 생업에 종사하는 것을 막고 있는가? 그것은 음악이다. 그러므로 음악을 연주하는 것은 그릇된 일이다.

하나라 계왕(啓王)의 아들은 놀기를 좋아하고 방탕하여 야외에서 잔치를 벌이고 술에 취해 춤을 추며 음악을 연주하게 했는데, 그 소리가 하늘에 닿았고 하늘은 이를 용서하지 않았다. 그러므로 음악은 위로 하늘과 귀신이 용서하지 않고, 아래로 백성들의 이익에도 어긋나는 것이다. 지금 천하의 벼슬하는 사람들이 진실로 천하의 해로움을 제거하고 이로움을 일으켜 세우려면 음악을 금지시켜야 한다.

중국 고대의 요임금, 순임금 시대부터 음악은 인간의 생활에서 빼놓을 수 없는 것이었고, 그만큼 많은 사람들이 즐겼다. 그러나 여기에도 원칙이 있었다. 먼저 백성들의 삶을 안정시키고 백성들과 더불어 즐기는 여민동락(與民同樂)이 옛 성왕들이 음악을 즐기는 태도였다. 그러나 사회 분화가 일어나고 신분 질서가 자리 잡으면서 음악을 포함하여 즐기는 행위와 누리는 문화가 계급에 따라 달라졌다.

특히 묵자가 살던 전국 시대가 되면 군주와 대신들은 백성들의 삶은 돌보지 않은 채 자신들의 쾌락만을 위해 음주가무를 일삼는 경향을 보였다. 이런 상황에서 음악을 포함하여 춤이나 음식 등 사람에게 즐거움을 주는 모든 것들은 백성들의 세금과 노역을 바탕으로 하는 일종의 수탈이었다. 그래서 묵자는 음악이 주는 즐거움 자체를 부정한 것은 아니지만 생업이나 주어진 일을 제쳐두고 음악에 빠지는 것에 대해서 비판적인 태도를 취한 것이다.

음악은 유가에서 중시했던 것으로 유가는 음악이 사람들의 마음을 순화시키고 순수한 본성에 이르게 만드는 것이라고 보았다. 공자는 사회적인 윤리의 표현으로서 예와 악을 특히 중시했다. 《논어》에서 공자는 이상적인 세계라고 여긴 요임금, 순임금 시대의 음악인 '소(韶)'

를 최고의 음악으로 떠받드는 한편, 정(鄭)나라와 위나라의 음악은 음란해서 나라를 망치는 음악이라고 하면서 멀리했다. 공자의 이런 예악관을 바탕으로 유가에서 완성한 《예기(禮記)》와 《악기(樂記)》는 훌륭한 음악을 통해 사람의 마음을 닦고 집안을 다스리고 나라를 다스릴 수 있으며, 악은 사람의 마음속에서 나오고 예는 사람의 마음을 밖에서 바로잡는 것으로 보았다. 그래서 예악과 더불어 하늘과 땅, 군주와 신하, 어른과 아이의 순서가 정해진다고 했다.

이 사상에 기초하여 한(漢)나라 시대의 유가의 사람들은 천자와 제후 및 벼슬아치들을 위한 아악(雅樂)을 제정했다. 중국의 역대 왕조는 이것을 그대로 이어받아 청(淸)나라에까지 이르렀고, 우리나라의 조선 왕조에서도 그러한 예악을 중시했다. 그러나 유가에서 말하는 음악은 사대부, 즉 지배 계급이 누리던 일종의 향락이라는 측면을 부정하기 힘들다. 유학이 지배하던 시대에 백성들이 겪던 굶주림과 헐벗음을 생각한다면 음악은 일종의 사치였다고 할 수 있다. 그래서 일부 개혁적인 유학자들은 지나치게 형식적이고 사치스러운 음악에 대해 비판하고 옛 성왕 시대의 음악, 여민동락의 음악으로 돌아가야 한다고 주장하기도 했다.

묵자는 과격하다고 여겨질 만큼 아예 음악 자체를 즐겨서는 안 된다는 입장을 밝힌다. 그러나 묵자가 음악을 반대한 진실한 이유는 당시의 음악과 관련된 모든 활동이 생활고에 시달리던 백성들의 세금과 재물의 희생을 통해서 만들어졌기 때문이었다. 오늘날에는 음악이 인간의 삶에 없어서는 안 될 중요한 문화 요소로 자리 잡고 있지만, 묵자가 음악을 비판했던 당시의 일반 백성들의 입장에서는 화려한 복장과 악기를 제작하기 위해 동원되는 갖가지 재료들이 결국 백성들의 어려운 살림을 더욱 어렵게 만드는 원인으로 보였을 것이다. 그래서 묵자의 음악 비판을 오늘날의 관점에서 바라보아서는 안 된다.

더구나 우리가 묵자의 비악론을 이해하는 데 주의해야 할 것은 묵자의 음악 비판이 음악 그 자체가 하나도 쓸모없다는 주장을 펴기 위한 것이 아니라 당시 지배 계급이 즐기던 음악이 일반 백성들에게 피해를 입힌다는 점에 초점이 맞춰져 있다는 사실이다. 즉 비악론 역시 묵자의 백성에 대한 배려와 사랑이 그 바탕에 깔려 있는 민본적인 사상이라는 점을 이해해야 한다.

10. 비명(非命)-운명이란 없다

비명은 인간의 삶이 미리 정해져 있다는 운명론을 부정한다는 뜻이다. 묵자는 운명은 스스로 개척해 나가는 것이라는 입장을 가지고 이를 뒷받침해 주는 사례로 옛 성왕들을 들고 있다. 옛 성왕들은 먹고 살기 힘든 시대였음에도 불구하고 백성들을 배불리 먹이고 훌륭하게 가르치고 이끌어서 백성들과 더불어 태평성대를 이루었는데, 이것은 운명에 자신을 맡기지 않고 스스로 노력하여 이룩한 결과였다. 그리고 묵자는 운명론은 폭군들이 자신의 잘못을 합리화하기 위해서 만든 것이라고 주장한다.

운명을 주장하는 것은 해로운 일이다

운명이 있다고 고집하는 사람들은 "부유하고 가난한 것도, 백성이 많고 적음도, 백성을 다스리는 것도, 오래 살고 일찍 죽는 것도 운명으로 정해져 있다. 그렇다면 비록 강하고 힘이 있다고 한들 무슨 도움이 되겠는가?"라고 말한다. 그들은 이런 말로써 위로는 군주와 대신들을 설득하고, 아래로는 백성들이 일에 종사하는 것을 막는다. 그러므로 운명이 있다고 고집하는 사람들은 현명하지 못하다. 그러므로 운명을 고집하는 사람들의 말에 대해 옳고 그름을 명확히 분별하지 않으면 안 된다.

그렇다면 이러한 이론에 대해 명확하게 분별하려면 어떻게 해야 하는가? 반드시 기준을 세워야 한다. 말하는 데 기준이 없으면, 비유컨대 질그릇을 만드는 돌림판 위에 서서 동쪽과 서쪽의 방위를 살피려는 것과 같은 짓이다. 그렇게 되면 그것이 이로운지 해로운지, 옳은지 그른지를 명확히 알 수 없다. 그러므로 말에는 반드시 세 가지 기준이 있어야 한다. 무엇을 세 가지 기준이라고 하는가? 근본으로 삼을 것이 있어야 하고, 근원을 살피는 것이 있어야 하며, 활용할 수 있어야 한다. 그렇다면 무엇으로 근본을 삼는가? 위로는 옛날 성왕들의 일에서 근본을 삼는다. 무엇에서 근원을 찾는가? 아래로는 백성들의 귀로 듣고 눈으로 본 실제에서 근원을 찾아야 한다. 무엇에 그것을 활용하는가? 형벌과 정치가 백성들의 이익에 맞는지를 본다. 이것이 이른바 세 가지 기준이 있다고 말하는 것이다.

지금 운명이 있다고 고집하는 사람들의 말을 따르면, 위에서는 아랫사람들의 의견을 듣지 않고 다스리며, 아랫사람들은 자기 일에 열심히 종사하지 않는다. 위에서 제대로 다스리지 않으면 형벌과 행정이 혼란스러워지고 아랫사람이 자기 일을 열심히 하지 않는다면 재물이 부족하게 된다. 위로는 제삿밥과 술과 단술을 올려 하느님과 귀신께 제사드릴 것이 없게 되고, 아래로는 천하의 현명하고 훌륭한 선비를 편안하게 대우해 줄 수 없게 된다. 밖으로는 제후가 귀한 손님을 대접할 수 없게 되고, 안으로는 굶는 자를 먹이거나 추위에 떠는 자에게 옷을 입히고 노약자를 부양할 수 없게 될 것이다.

그러므로 운명을 주장하는 것은 위로는 하늘에 이롭지 못하고, 가운데로는 귀신에게 이롭지 못하며, 아래로는 백성들에게 이롭지 않다. 그런데도 이것을 강하게 고집하면 이는 흉한 말이 생기는 원인이 되며 포악한 사람의 도리가 된다. 지금 천하의 군자들이 진정으로 부유해지길 바라고 천하가 잘 다스려지기를 원한다면, 운명을 고집하는 사람들의 말이 그릇된 것이라고 하지 않을 수 없다. 운명을 주장하는 것은 천하의 커다란 해악이다.

모든 것은 노력으로 얻는 것이다

지금 운명이 있다고 하는 사람들은 말한다. "내가 오늘날 지어낸 말이 아니라 옛날 하은주 삼대로부터 이미 그런 말이 있었고 지금까지 전해 내려오는 것이다." 그러나 운명이 있다고 하는 사람들은 옛날 일을 모른다. 그 말을 삼대의 성인들이 전해 주었는지 삼대의 포악하고 잘못된 사람들이 전한 것인지를 모른다. 무엇으로 이것을 아는가?

옛날 폭군들은 자신들의 음란하고 사악한 마음을 이기지 못하고 밖으로는 말을 달려 사냥을 하고 안으로는 술과 음악에 빠져 백성들을 돌보지 않다가 결국 나라와 사직을 잃어버렸다. 그런데도 그들은 자신이 어리석어 정치를 잘하지 못했다고 하지 않고 운명이 망하게 만들었다고 말한다. 옛날 상고 시대 궁핍했던 백성들은 음식에는 탐욕스러웠고 노동에는 게을렀다. 그래서 먹고 입을 것이 부족해 굶주림과 추위에 시달렸다. 그런데도 그들은 자신들이 게을러서 무능한 줄 모르고, 가난하도록 운명지어진 것이라고 생각했다.

옛날 지위가 높은 사람이나 훌륭한 대신들은 말을 신중하게 하고 올바로 행동할 바를 알아 위로는 임금에게 바르게 간언했고, 아래로는 백성들을 가르치고 따르게 했다. 그리하여 위로는 임금의 상을 받고 아래로는 백성들의 칭송을 얻어 명성이 꺼지지 않고 전해 내려와 지금에 이른 것이다. 그래서 천하의 모든 사람들이 말하기를 "이렇게 된 것은 운명에 의한 것이 아니라 그렇게 되도록 노력한 것이다."라고 한다. 옛 선왕의 글인 〈태서〉에 이르기를 "은나라의 주왕은 오만불손하여 상제와 귀신을 섬기지 않았고 조상들의 제사도 받들지 않았다. 그러면서도 내 백성들에게 천명이 있으니 정사에 힘쓰지 않아도 된다."라고 했다. 이것은 주나라 무왕이 주왕의 운명론이 잘못

되었음을 지적한 말이다. 주공(周公)과 함께 주나라 성왕을 도운 현자 소공(召公)도 "조심하라! 하늘의 운명이란 없다."라고 했다.

지금 군주와 대신들이 아침 일찍 조정에 나와 저녁 늦게 퇴근하며 자신의 직분에 충실하고 경과 대부들이 마음과 힘을 다해 지혜를 짜고 게으름을 부리지 않는 이유는 무엇인가? 노력하면 잘 다스려지고 노력하지 않으면 혼란스러워지며, 힘쓰면 편안해지고 힘쓰지 않으면 위태로워진다고 생각했기 때문이다.

지금 농부들이 아침에 일찍 나가 밤늦게 들어오며 밭을 갈고 씨 뿌리며 채소와 과일을 가꾸는 데 힘쓰는 이유는 무엇인가? 힘을 쓰면 부자가 되고 힘쓰지 않으면 가난해지며, 노력하면 배부르게 되고 노력하지 않으면 굶주리게 되기 때문이다. 지금 부녀자들이 열심히 실을 뽑고 길쌈을 하며 비단을 짜는 데 게으름이 없는 이유는 무엇인가? 힘쓰면 부유해지고 힘쓰지 않으면 가난해지며, 힘쓰면 따뜻해지고 힘쓰지 않으면 춥게 되기 때문이다.

지금 천하의 군자들이 진정으로 천하를 이롭게 하고 해악을 없애고자 한다면 운명이 있다고 주장하는 사람들의 말을 강력하게 부정해야 한다. 운명론은 폭군이 만들어 낸 것이고 궁핍한 사람들이 그것을 좇아서 말한 것이지 어진 사람의 말이 아니다. 지금 어질고 의로운 사람들이 잘 살펴서 운명론을 부정하지 않으면 안 되는 이유도 여기에 있다.

묵자는 천지편에서 하늘이 존재함을, 명귀편에서는 귀신이 실재함을 주장하여 인간을 초월한 어떤 절대적 존재를 인정하는 것처럼 보이지만, 결코 운명론자가 아니었다. 비명편에는 묵자의 진취적이고 현실 개혁적인 사고가 그대로 담겨 있다. 운명론은 포악한 왕과 궁핍하며 게으른 사람들이 자신들의 잘못이나 게으름을 변명하기 위해 지어낸 이야기이지 바르게 살고자 하는 어진 사람들이 믿은 것이 아니라는 것이다. 그래서 옛 성왕들의 예나 옛 문헌 등을 근거로 운명론이 옛날부터 전해 내려온 것이 아니라는 논증을 한다.

여기서 주목할 만한 것은 묵자와 유가의 운명론에 대한 태도다. 공자는 하늘을 믿으라고 가르치거나 구체적으로 언급한 적은 없다. 하지만 사람마다 갖고 태어나는 천명이 타고난 것이라고 생각했다. 그런 점에서 보면 공자는 운명론자였다고 할 수 있는데, 묵자는 이에 대해 '유가는 하늘만 믿고 노력을 하지 않는 게으른 운명론자들'이라고 비난했다.

사실 따지고 보면 유가도 운명론을 그대로 받아들였다기보다는 현실적인 노력을 통한 개인의 도덕적인 발전을 강조했다고 할 수 있다. 그러나 신분 질서를 출신 성분에 의해 타고난 것으로 보았기 때문에 유가는 '부귀빈천은 타고난 것'이라는 운명론을 인정하는 편이었다. 하지만 묵자는 이러한 부귀빈천이 타고난 것이라는 주장도 부정한데다가 신분 질서조차도 능력을 중심으로 이루어져야지 애초부터 누구는 군주로, 누구는 대신으로 하늘이 내린 것이 아니라는 입장이었다. 이런 점이 유가와 대비되는 묵자의 진취적인 면이라 할 수 있다.

　묵자의 운명에 대한 생각은 로마 시대의 철학자 세네카의 주장과 흡사하다. 고대 서양에서도 주어진 운명은 어쩔 수 없다는 것이 일반적인 인식이었다. 그러나 이런 체념적인 운명론에 반대하여 세네카는 "사람들 대부분이 자기의 운명을 자기 스스로 만들고 있다. 운명은 밖에서 오는 것 같지만 사실 알고 보면 자기 자신의 약하고 게으른 마음, 성급한 버릇 따위가 만든 것이다. 착한 마음과 부지런한 습성, 남을 돕는 마음이야말로 좋은 운명을 여는 열쇠다. 운명은 용기 있는 사람에게는 약하고 비겁한 사람에게는 강하다."라고 했다. 근대의 철학자 데카르트는 "인간은 자신의 의지대로 되어지는 존재다. 인간은 그 특성에 의해서 결정된 존재가 아니라 자기 자신의 선택과 행위를 통해서 자기 자신을 창조해 나가는 존재다."라고 말했다. 묵자의 비명편을 보면 세네카나 데카르트의 생각과 매우 닮아 있음을 알 수 있는데, 그런 점이 시공간을 초월한 묵자의 통찰력이라 하겠다.

11. 비유(非儒)-유가를 비판한다

비유란 '유가를 비판한다.'라는 뜻이다. 묵자는 비유 편에서 유가가 주장하는 형식에 치우친 혼례와 상례, 운명론적 사고, 전쟁에 대한 모호한 태도, 백성들의 삶과는 무관한 처세술 등을 매우 신랄하게 비판한다. 또한 상황에 따라 쉽게 태도를 바꾸는 공자의 일화를 열거하면서 매우 노골적으로 비판하고 있다. 묵자의 이러한 유가 비판은 후대에 유가 사상으로부터 의도적으로 배척받는 원인이 된다.

유가는 위선적이다

유가의 사람들이 말하기를 "친척과 친하게 지내는 것에도 차등이 있고 현명한 이를 존경하는 데에도 등급이 있어야 한다."라고 한다. 이는 친한 사람과 먼 사람, 신분이 높은 사람과 낮은 사람 사이에는 차별이 있어야 한다는 것이다. 유가의 사람들이 행하는 예를 살펴보면 죽은 사람의 상을 치를 때에도 부모와 장남과 처는 삼년상을 지내고, 큰아버지와 작은아버지, 형제와 서자들은 일년상을 지내며, 그 밖의 친척은 다섯 달로 한다고 정해져 있다. 만일 친하고 먼 정도에 따라 상을 지내는 기간을 정한다면 가깝고 친한 사람은 길게, 먼 사람에게는 짧게 기간을 정할 것이다. 그런데 처와 장남을 부모와 같이 대우한다면 옳겠는가? 만일 높고 낮은 정도로 상을 치르는 기간을 정한다면 처와 자식을 부모처럼 높이고, 큰아버지와 집안의 형님들을 서자처럼 대우한 셈이다. 도리에 어긋나고 거꾸로 됨이 이보다 더 클 수 있단 말인가?

또한 부모가 사망하면 시체를 염도 하지 않은 채 그대로 뉘어 놓고 지붕에 올라가 죽은 사람의 영혼을 불러들이고, 우물을 들여다보며 죽은 사람의 영혼을 찾는가 하면, 쥐구멍을 쑤셔 보기도 하고 손 씻는 그릇을 뒤집어 보기도 하면서 죽은 사람을 찾는다. 정말로 죽은 사람의 영혼이 있다고 여긴다면 어리석은 짓이고, 없는 줄 알면서 찾아보는 것이라면 이보다 큰 거짓이 없다.

결혼을 할 때에도 신랑이 신부를 직접 맞이하러 가는데 옷을 단정하게 입고 마부처럼 말고삐를 잡고 수레에 오르는 손잡이를 직접 신부에게 쥐어 준다. 신부를 맞이하기를 마치 친부모를 마중하듯 하며 위엄 있는 의식은 제사를 모시는 것처럼 한다. 이는 위아래가 뒤바뀐 것으로, 부모를 낮추어 처와 자식같이 대하는 것이며 처와 자식을 위로 받들어 부모 섬기는 일을 가로막는 일이다. 그런데 어찌 이것을 효도라 할 수 있겠는가?

유가의 사람들은 "처를 마중하는 것은 처와 더불어 제사를 받들어야 하기 때문이며, 아들은 장차 종묘를 지키게 될 것이므로 소중히 여기는 것이다."라고 말한다. 이것은 거짓말이다. 그의 집안 형은 선조의 종묘를 수십 년이나 지키지만 죽으면 일년상을 치른다. 형제의 처는 조상의 제사를 받들지만 상을 치르지도 않는다.

그런데도 처와 아들이 죽으면 삼년상을 치르니 이는 반드시 그 종묘의 제사를 받는 것 때문은 아니다. 이것을 또한 부모를 소중하게 여기기 때문이라고 하는데, 지극히 사소한 것을 소중하게 여기고 지극히 소중한 것을 가벼이 하는 것이니 어찌 간악한 짓이 아니겠는가?

또 유가의 사람들은 힘써 운명이 있다면서 말한다. "오래 살거나 일찍 죽으며, 가난하거나 부유하며, 편하게 살거나 위태롭게 살며, 다스려지거나 혼란스러워지는 것은 본시 천명이니 덜거나 더할 수 없는 것이다. 궁색해지거나 출세하는 것, 상을 받거나 벌을 받는 것, 행복해지거나 불행해지는 것도 정해진 운명이어서 사람의 지혜나 힘으로는 어찌할 수 없는 것이다." 관리들이 이 말을 믿으면 담당한 직무를 게을리할 것이고, 백성들이 이 말을 믿으면 농사일을 게을리할 것이다. 관리들이 게을리하면 사회가 혼란해지고 농부들이 게을러지면 가난해질 것이다. 혼란하고 가난한 것은 정치의 근본에 어긋나는 것이다. 그런데도 유가의 사람들은 이를 도리라고 가르치니, 이는 바로 천하의 사람들을 해치는 일이다.

유가는 게으로고 무능하다

유가의 사람들은 예의와 음악을 번거롭게 꾸며 사람들을 미혹시키고, 오랫동안 상례를 치르며 거짓으로 슬퍼하며 어버이를 속인다. 또한 운명임을 내세워 가난하면서도 고상한 척하며, 지켜야 할 근본을 어기면서도 태평스럽고 오만하며, 먹고 마실 것을 탐내면서도 일하는 데는 게으르다. 그래서 굶주림과 추위에 빠져 얼어 죽거나 굶어 죽을 위험에 처하면서도 거기서 벗어날 수 없다. 이들은 마치 거지와 같아서 두더지처럼 음식을 저장하며 숫양처럼 먹을 것을 찾고, 멧돼지처럼 먹을 것을 발견하면 뛰쳐나온다. 군자들이 유가의 이런 점을 비웃으면 대답하기를 "변변찮은 자들이 어찌 훌륭한 선비를 알 수 있겠느냐?"라고 한다.

또한 여름에 보리와 벼를 구걸하다가 오곡이 다 거두어지면 큰 상갓집을 따라다니며 자손들까지 다 데리고 가서 음식을 실컷 먹는다. 배고플 때는 상가를 몇 집 거치고 나면 충분히 견딜 수 있게 되는 것이다. 남의 집 음식에 의지하여 배를 채우고, 남들에 의지해 높임을 받는 것이다. 그러니 유가의 사람들은 부잣집이 상을 당하면 크게 기뻐하며 말하기를 "이것이 바로 입고 먹는 출발점이다."라고 한다.

유가의 사람들은 또 "군자는 전쟁에 이겨도 패해 달아나는 적병을 쫓아가지 않으며 갑옷을 벗은 사람을 쏘지 않을 뿐만 아니라 패배한 적병을 동정하여 그들이 짐수레를 끄는 것을 도와준다."라고 말한다. 사실 전쟁을 하는 양쪽 모두 어진 사람이라면 처음부터 싸움이 없었을 것이다.

어진 사람이라면 취하고 버리는 것, 옳고 그른 것의 이유를 서로 알아듣도록 말해서 이유가 없는 것은 이유가 있는 것을 따르고, 자기 편에서 할 말이 없으면 상대편의 말을 따르며, 착한 일을 보면 그를 따를 것이다. 그렇다면 무엇 때문에 싸우겠는가?

그러나 만일 똑같이 난폭한 사람들이 서로 싸운다면 설령 이긴 쪽이 패하여 도망가는 적군을 뒤쫓지 아니하고 갑옷을 벗은 사람에게 화살을 쏘지 않고 적의 짐수레를 도와주려 애쓴다고 해도, 싸우는 사람은 어디까지나 포악한 자이므로 군자라 할 수 없고 그런 군자는 되지 않는 것이 더 나을 것이다. 또한 그렇게 한다면 난폭하고 간악한 무리들이 살 길을 얻게 되어 세상의 해악은 영원히 없앨 수 없을 것이다.

공자의 이중적 행동

제나라 경공(景公)이 안자(晏子, 제나라 대부로 이름은 안영)에게 공자에 대해 물었으나 대답하지 않았다. 그래서 경공이 다시 물었으나 역시 대답하지 않았다.

경공이 말했다. "공자에 대해 말하는 사람이 많은데 모두들 현명한 사람이라고 합니다. 그런데 그대는 대답하지 않으니 어찌된 일입니까?"

안자가 대답했다. "저는 못나서 현명한 사람을 알아보기에 부족합니다. 그렇지만 제가 들은 바로는 현명한 사람은 남의 나라에 들어가서는 반드시 그 나라의 군주와 신하가 친밀한 관계를 유지하도록 힘써 위와 아래 사이에 있는 원한을 없앤다고 합니다. 공자가 초나라에 갔을 때 백공(白公, 초나라 평왕의 손자)이 역적 모의를 하는 것을 알고는 석걸(石乞, 백공과 함께 난을 일으킨 자)을 추천하여 초나라 혜왕(惠王)은 멸망할 뻔했고 백공은 죽임을 당했습니다. 반역을 꾀하는 신하를 도와주고, 생각과 지혜를 모아 사악한 짓을 꾸미고 신하를 사주해 왕을 죽이려고 하니, 이는 분명 어진 사람이 할 행동은 아닙니다. 남의 나라에 들어가 그 나라의 역적을 도왔으니 이는 의로운 행동이 아닙니다. 저는 공자가 백공과 다른 점을 알지 못하겠습니다. 그래서 대답하지 않은 것입니다."

경공이 대답했다. "내게 깨우쳐 준 바가 참으로 많소. 선생이 아니었다면 나는 평생토록 공자와 백공이 같다는 것을 알지 못했을 것입니다."

공자가 채(蔡)나라와 진(陳)나라 사이에서 곤궁에 처했을 때, 싸라기도 없이 명아주(일년생 식물의 일종)국을 먹으며 열흘을 보냈는데, 자로가 돼지고기를 구해서 삶아 주자 공자는 고기가 어디서 났는지 묻지도 않고 먹었다. 남의 옷을 빼앗아 술을 사다 주자 공자는 그 술이 어디서 났는지 묻지도 않고 마셨다. 그 뒤 노나라 애공(哀公)이 공자를 맞아들일 때 자리가 단정하지 않자 공자는 앉지 않았고, 고기가 똑바로 잘라져 있지 않자 먹지 않았다. 자로가 나아가 "어찌하여 진나라와 채나라에 계실 때와 그렇게 반대로 행동하십니까?" 하고 묻자 공자가 대답하길 "이리 오너라. 내가 너에게 말해 주겠다. 전에는 너와 함께 구차하게 살기에 바빴지만, 지금은 너와 함께 의를 행하기에 바쁘다. 무릇 굶주리고 고생할 때는 어떻게든 취하여 자신을 살리려고 하며, 배가 부르면 거짓 행동을 해서라도 자신을 꾸며야 한다."라고 했다. 더럽고 사악하며 거짓되기가 어찌 이보다 클 것인가?

묵자가 바라는 이상적인 인간상은 생산 활동에 종사하면서 모든 사람을 사랑으로 대하고 어려움에 처한 사람들을 구제하는 데 힘쓰는 군자였다. 그런데 유가의 사람들은 겉으로는 군자인 척하면서도 자기 이익 앞에서는 양보하지 않는 위선적인 인간들이라고 묵자는 생각했다. 이 비유편은 유가의 이런 위선적인 면을 공자의 실제 행적까지 들면서 비판하고 있다. 군자가 갖추어야 할 생활 태도로 언행일치를 강조한 공자가, 어려움에 처했을 때 다르고 편할 때 다른 이중적인 태도를 보임을 정면으로 비판한 것이다. 또한 평상시 유가에서 예와 인의를 강조하지만 사실은 매우 비현실적이거나 이중적이고 위선적이라는 점을 지적한다.

우리나라에서도 얼마 전에 어떤 학자가 공자의 사상을 신랄하게 비판한 적이 있다. 그의 말이 모두 진실은 아니라 하더라도 묵자의 비판과 서로 통하는 부분이 있다. 그 비판의 핵심을 살펴보면 공자의 도덕은 사람을 위한 도덕이 아니라 정치를 위한 도덕이었고, 남성을 위한 도덕이었으며, 어른을 위한 도덕이었고, 기득권자를 위한 도덕이었다는 것이다. 그리고 공자의 사상은 사농공상으로 표현되는 봉건적 신분 질서와 토론을 가로막고 권위만을 강조하는 가부장제를 옹호하며, 앞에서 다르고 뒤에서 다른 위선적인 논리와 가까운 사람끼리의 혈연적 유대를 통한 패거리 의식을 키워 주며, 여성을 차별하는 남성 우월 의식을 심어 주는 사상이라는 것이다. 물론 이런 비판이 유가 사상이 지닌 본질적인 측면보다는 형식화되고 고착화된 외적 측면을 비판했다는 한계는 있을지 모르지만 나름대로 타당성이 있는 주장이라고 할 수 있다.

공자와 유가의 사람들이 지닌 한계와 잘못에 대한 묵자의 비판에도 이렇게 겉과 속이 다르거나 말과 행동이 다른 당시 지식인들의 위선에 대한 분노가 들어 있다. 이런 점은 비단 유가만의 문제가 아니라 모든 지식인들에게도 마찬가지일 것이다. 오늘날에도 얼마나 많은 지식인들이 권력과 재력 앞에 무릎을 꿇고 비굴하게 행동하고 있는지를 생각하면 묵자의 비유편이 새삼 가슴에 와 닿을 것이다.

墨子

제3부 _ 실천하는 지식인의 삶

묵자의 실천적인 모습을 보여 주는 부분으로 공맹(公孟), 노문(魯問), 공수(公輸) 3편
으로 구성되었다. 이 부분은 묵자가 전국 시대라는 혼란한 세상을 살면서 그저
말이나 글로만 자신의 사상을 전개한 것이 아니라 의를 가슴에 품고 온몸으로 실
천했던 삶의 모습을 생생하게 보여 주고 있다.

1. 공맹(公孟) - 행동하는 지식인

공맹편은 증자(曾子)의 제자 공맹자(公孟子)를 비롯한 다른 사람들과 묵자와의 대화 내용을 기록한 것으로 《논어》의 형식처럼 문답식으로 구성되어 있다. 묵자는 공맹자가 말하는 군자의 도리를 조목조목 비판하면서 현실에 안주하지 않고 행동하는 지식인을 적극 옹호한다. 비유편에 이어 공맹편에서도 유가의 형식주의적인 태도와 말과 행동이 다른 이율배반적인 모습에 대해 신랄한 비판이 이어진다.

군자란 할 말을 하는 사람이다

공맹자가 묵자에게 말했다. "군자는 공손하게 기다리고 있다가 물으면 말하고 묻지 않으면 가만히 있으니, 비유하자면 종과 같아서 치면 울고 치지 않으면 울지 않는 법입니다."

묵자가 대답했다. "그대는 한 가지만 알고 나머지 두 가지는 모르는 듯합니다. 만일 대신들이 나라를 포악하게 다스릴 때 직접 나서서 이를 간하면 불손하다고 말할 것이고, 가까운 사람을 통해 간하는 말을 올린다 해도 곧 논란만 일으킨다고 할 것입니다. 이런 경우에 군자는 의혹을 품지만 말을 하지 않는 법입니다.

만약 대신들이 정치를 하는데 국가에 환난이 일어날 형편이라면, 비유컨대 활을 쏘아야 할 형편과 같은 상황이라면 군자는 반드시 간할 것입니다. 이는 종을 치지도 않았는데 말을 한 것이니 그대가 말한 군자가 아니지 않습니까? 만일 군주와 대신들이 죄 없는 나라를 공격하여 정복함으로써 땅을 넓히고 재물을 거둬들이려 한다면 나아가서 반드시 욕만 먹을 것입니다. 공격을 하는 편이나 공격을 받는 편이나 모두 이롭지 않을 것이기 때문입니다. 이런 경우 반드시 간할 것이니 이는 종을 치지 않아도 울리는 경우이니 그대가 말한 군자가 아니지 않습니까?"

선은 적극적으로 나서서 알려야 한다

공맹자가 묵자에게 말했다. "진정으로 선한 사람이라면 누구나 알아주지 않겠습니까? 이는 마치 미녀와 같은데, 미녀는 집안에만 있어도 중매쟁이들이 찾아옵니다. 사람들은 관심도 없는데, 어째서 당신은 사람들에게 선을 설득하러 다니시는 겁니까?"

이에 묵자가 대답했다. "지금 세상이 혼란하여 미녀가 비록 집안에서 나오지 않는다 해도 미녀를 찾는 사람이 많습니다. 그러나 선을 구하는 사람은 적습니다. 사람들에게 힘써 선을 말하지 않으면 사람들은 선을 잘 모릅니다. 지금 여기에 별점을 잘 치는 두 사람이 있는데, 한 사람은 돌아다니면서 별점을 쳐 주고, 한 사람은 집안에 앉아서 별점을 쳐 준다면 누가 더 정성이 많습니까?"

이에 공맹자는 대답했다. "돌아다니면서 별점을 쳐 주는 사람이 정성이 많을 것입니다."

묵자가 말했다. "인의도 마찬가지입니다. 돌아다니면서 사람들을 설득하는 것이 더 정성스러울 것입니다. 그러니 왜 돌아다니면서 사람들에게 말하지 않겠습니까?"

행동은 복장에 있는 것이 아니다

공맹자가 유가의 복장을 갖추고 묵자를 만나 말했다. "군자는 복장을 갖추고 나서 행동해야 합니까, 아니면 행동하고 나서 복장을 갖추어야 합니까?"

묵자가 말했다. "행동은 복장에 있는 것이 아닙니다."

공맹자가 말했다. "어떻게 그것을 아십니까?"

묵자가 말했다. "제나라 환공, 진(晉)나라 문공, 초나라 장왕, 월나라 구천 이 네 군주는 제각기 복장이 달랐음에도 나라가 잘 다스려지고 그 행동은 일치했습니다. 저는 이것으로 행동은 복장에 있는 것이 아니라는 것을 압니다."

공자는 천자가 될 자격이 있었는가?

공맹자가 말했다. "옛날 성왕들의 서열을 보면 최고의 성인은 천자의 자리에 오르고 그 다음은 경과 대부의 자리에 앉았습니다. 지금 공자께서는 《시경》과 《서경》을 두루 알고 예와 악에도 밝으며 그 밖의 모든 것도 자세히 알고 있으니, 만약 공자로 하여금 성왕의 시대에 살게 한다면 천자가 되지 않았겠습니까?"

묵자가 말했다. "지혜로운 사람은 하늘을 존경하고 귀신을 섬기며 사람을 사랑하고 비용을 절약합니다. 그런데 그대는 공자가 경전을 널리 알고 예와 악에도 밝으며 그 밖의 모든 것에도 자세히 알고 있으니 천자가 되어야 하지 않겠느냐고 물었습니다. 이것은 마치 남의 장부를 계산하면서 부자가 되었다고 하는 것과 같은 것입니다."

또한 공맹자가 말했다. "가난하고 부유한 것, 오래 살고 일찍 죽는 것은 하늘에 달려 있는 것이므로 줄이거나 더할 수 없는 것입니다.

그리고 군자는 반드시 배워야만 합니다."

이에 묵자가 말했다. "사람에게 학문을 가르치면서 운명이 있다고 말하는 것은, 마치 사람에게 모자를 쓰기 위해 머리를 싸매게 해놓고는 모자를 버리라고 하는 것과 같습니다."

의를 실천하는 데 눈치를 볼 필요가 있는가?

묵자의 문하로 배우러 온 사람이 있었다. 묵자가 물었다. "어째서 그동안 배우지 않았는가?"

그 사람이 대답했다. "저희 집 사람들 중에 배운 사람이 없었기 때문입니다."

이에 묵자는 말했다. "아름다운 것을 좋아하는 사람이 집안사람들 중에 없다고 해서, 나도 아름다운 것을 좋아하지 않는다고 말할 수 있겠는가? 부자가 되고자 하고 귀하게 되고자 하는 사람이 집안에 없다고 해서, 부유해지고 귀해지는 것을 좋아하지 않는다고 할 수 있겠는가? 진정으로 아름다운 것을 좋아하고 부하고 귀해지고자 하는 사람은 남이 어떻게 하는지 눈치를 보지 않고 오히려 힘써 이것을 이루고자 노력한다네. 무릇 의는 천하의 큰 그릇이니 남의 눈치를 보지 말고 힘써서 그것을 행하게."

공자의 말이라도 옳은 것은 옳은 것이다

묵자와 정자(程子, 유가의 제자로 이름은 정번)가 토론하다가 묵자가 공자를 인용하여 말하자 정자가 묵자에게 말했다. "유가를 비난하면서 공자를 인용하는 이유가 무엇입니까?"

묵자가 말했다. "내가 인용하는 것은 공자의 말 가운데 합리적이고 바꿀 수 없는 말입니다. 새들은 땅이 뜨거우면 높이 날고, 물고기들은 수면이 뜨거우면 아래로 잠기는데, 이러한 것은 우왕이나 탕왕이라고 해도 바꿀 수 없는 이치입니다. 새나 물고기가 아무리 어리석다 해도 우왕이나 탕왕과 같은 훌륭한 임금도 그러한 이치를 따르는 것처럼 따르게 마련입니다. 그래서 지금 저도 공자를 인용하는 것이 아닙니까?"

정치란 입이 아니라 몸으로 하는 것이다

고자(告子, 전국 시대에 본성은 선하지도 악하지도 않다고 주장한 학자)가 묵자에게 말했다. "저는 정치를 잘할 수 있습니다."

묵자가 말했다. "정치란 입으로 말한 것을 몸으로 반드시 실행하는 것이오. 지금 당신은 입으로는 말하면서 몸으로는 실행하지 않고 있으니, 이는 당신의 몸이 혼란한 것이오. 당신은 자신의 몸도 다스리지 못하면서 어찌 나라를 다스리는 정치를 하겠다는 것입니까? 당신은 먼저 자신의 몸부터 다스리시오."

공맹편은 주로 유가의 사람들이나 제자들과 나눈 대화를 다루고 있는데, 묵자는 여기서 순종적인 침묵을 비판하면서 적극적인 실천을 주장하고 있다. 윗사람의 눈치나 보며 자신의 안위를 위해 침묵하는 지식인보다는 군주의 잘못된 정치와 태도에 과감히 이의를 제기하고 간언하는 선비를 옹호한다. 또한 혼자서 방 안에 가만히 들어앉아 진리를 공부하고 깨우치는 것으로 만족하는 사람이 아니라 깨우친 진리를 많은 사람들에게 전하기 위해 뛰어다니며 설득하는 적극적인 지식인이 될 것을 역설하고 있다. 그 이유로 힘써 선을 말하더라도 세상은 악으로 차 있게 마련인데 힘써 말하지 않으면 사람들은 선이 있는지조차 잘 모르기 때문이라고 말한다.

또한 형식에 지나치게 얽매이는 태도를 비판하며 행동은 복장, 즉 예와 형식에 있는 것이 아니라고 강조한다. 그런 의미에서 인의를 실천하는 데는 남의 눈치를 볼 필요가 없으며 때로는 지나치다고 할 정도로 적극적인 자세를 가지고 이를 실천해야 한다고 강조한다. 묵자가 바라본 당시의 지식인이란, 벼슬자리나 차지하려고 입으로만 떠들고 막상 실천의 문제에 부딪쳐서는 꼬리를 빼는 비겁하고 위선적인 존재였던 것이다.

그러나 묵자가 이렇게 당시의 지식인들과 사상가들의 주장을 무조건 비판만 했던 것은 아니다. 이것은 묵자가 공자를 비판하면서도 오히려 공자의 말을 인용하기도 했다는 점에서 확인된다. 유가의 제자였던 정자가 이를 비판하자, '진리는 누구의 입을 통해서 말해지더라도 진리'라는 사실을 상기시키며 묵자가 신랄하게 비판했던 공자에게서조차 배울 것은 배워야 한다는 논리를 편다. 이 점에서 볼 때 묵자야말로 진정으로 열린 마음을 가진 사상가였음을 알 수 있다.

2. 노문(魯問) - 충신을 아끼고 인의를 행하라

노문이란 '노나라 군주가 묻다.'라는 뜻으로, 노문편은 노나라 군주가 제나라의 침입을 두려워해서 묵자를 불러다가 그에게 대책을 묻고 논의하는 내용으로 구성되어 있다. 그 대책으로 묵자는 안으로 국내 정치의 안정에 힘써 백성들의 힘을 축적하고, 이웃나라와 친하게 지내서 필요할 때는 도움을 받을 수 있어야 하고, 방비에도 힘써 외적의 침략에 대비하는 자세를 갖추어야 한다고 강조한다.

의롭지 못한 전쟁의 결과

노나라 군주가 묵자에게 말했다. "저는 제나라가 우리나라를 공격할 것이 두렵습니다. 이로부터 벗어날 방법이 있습니까?"

묵자가 말했다. "벗어날 수 있습니다. 옛날 삼대의 성왕인 우왕, 탕왕, 문왕, 무왕은 백 리 땅을 가진 제후였으나 충신을 아끼고 인의를 행하여 천하를 얻었습니다. 삼대의 폭군이었던 걸왕, 주왕, 여왕,

유왕은 충신을 미워하고 폭정을 행함으로써 천하를 잃었습니다. 바라건대 군주께서는 위로는 하늘을 높이고 귀신을 받들며, 아래로는 백성들을 사랑하고 이롭게 하며, 많은 예물을 갖추어 사방 이웃나라 제후들에게 겸손한 태도로 예를 갖추고 교제하며, 백성들을 이끌고 제나라의 공격을 막는다면 제나라의 공격 정도는 걱정할 것이 없습니다."

제나라가 노나라를 치려고 하자 묵자는 제나라 장수 항자우(項子牛)에게 말했다. "옛날 오나라 왕이 월나라, 초나라, 제나라를 공격하고 나서 한때는 세 나라를 점령한 듯했으나, 얼마 뒤 제후들의 반격을 받아 결국 오나라는 멸망하고 왕도 죽임을 당했습니다. 큰 나라가 작은 나라를 공격하면 이것은 서로가 서로를 해치는 일입니다. 그 과오는 반드시 자신의 나라에 되돌아오는 법입니다."

또한 묵자가 제나라 군주를 알현하고 말하길 "지금 여기 칼이 있는데 이것으로 사람의 목을 순식간에 잘랐다면 예리하다고 할 수 있겠습니까?" 했다. 이에 군주가 답하길 "예리합니다!"라고 했다. 묵자가 다시 묻기를 "이 칼로 많은 사람의 머리를 순식간에 잘랐다면 예리하다고 할 수 있겠습니까?" 하자, 군주가 답하길 "예리합니다!"라고 했다. 이에 묵자가 "칼은 예리하지만 누가 장차 무고한 사람을 죽인 재앙을 받겠습니까?" 하고 묻자, 군주가 말하길 "그것을 시험한 사람이 응보를 받을 것입니다."라고 했다. 이에 묵자가 말하길 "남의 나라를 빼앗고 군대를 전멸시키고 백성들을 해치고 죽인다면 누가 그 응보를 받겠습니까?" 하니, 군주가 고개를 끄덕이며 생각하고는 "내가 그 재앙을 받을 것입니다."라고 답했다.

무엇이 천하를 혼란에서 구하는 길인가?

노나라 남쪽 시골 사람으로 오려(吳慮)라는 이가 있었는데, 겨울에는 도자기를 굽고 여름에는 밭을 갈면서 스스로를 순임금과 비교했다. 묵자가 이 말을 듣고 그를 만나러 갔는데, 오려가 묵자에게 말했다. "의로움이 있을 뿐이로다. 의로움이 제일인데, 어찌 말할 필요가 있겠는가?" 이에 묵자가 묻기를 "그대가 말하는 의로움이 힘써 남을 위해 수고하고, 재물을 다른 사람에게 나누어 주는 것입니까?" 하니 오려가 대답하길 "그렇소."라고 했다.

이에 묵자가 말했다. "내가 그것을 일찍이 헤아려 본 적이 있습니다. 내가 밭을 갈고 천하의 사람들을 먹이려 한다고 합시다. 농사가 잘되었다고 해도 농부 한 사람이 농사짓는 것에 불과합니다. 이것을 천하에 나누면 한 사람에게 조 한 되도 돌아가지 못하고, 설사 사람마다 한 되의 조를 얻는다고 해도 그것으로 천하의 굶주린 사람들을 배부르게 하지 못한다는 것은 누구라도 알 수 있습니다.

내가 베를 짜서 천하의 사람에게 입히려 한다고 합시다. 베 짜는 일이 잘 되어도 부인 한 명의 길쌈에 해당합니다. 이것을 천하에 나누면 사람마다 한 자의 베도 얻지 못하며 그것으로는 천하의 추위에 떠는 사람들을 따뜻하게 해 주지 못한다는 것은 누구라도 알 수 있습니다.

내가 단단한 갑옷을 입고 날카로운 칼을 몸에 지녀 나라의 환란을 구한다고 합시다. 잘해야 한 남자의 싸움에 해당합니다. 한 사람의 힘으로 큰 싸움을 막아 낼 수 없음은 이미 알 수 있는 것입니다.

제가 생각할 때는 옛 성왕들의 도를 외워 그 말씀을 추구하고 성인의 말씀에 통달하여 그 글을 잘 살펴서, 위로는 군주와 대신들을 설득하고 아래로는 백성들과 선비들을 설득하느니만 못할 것 같습니다. 군주와 대신들이 제 말을 활용한다면 나라가 잘 다스려질 것입니다. 백성들과 선비들이 제 말을 활용한다면 행동이 바르게 닦여질 것입니다. 그러므로 제가 비록 밭을 갈아 굶주리는 자를 먹이지 못하고 길쌈해서 추위에 떠는 이들에게 옷을 입히지 못한다 해도, 그 공은 밭갈이하여 그들을 먹이고 길쌈해서 그들에게 옷을 입히는 것보다 더 나을 것입니다."

노문편은 크게 묵자가 노나라 군주와 나누는 대화와 오려와 나누는 대화로 나눌 수 있다. 먼저 노나라 군주가 제나라의 침략을 걱정하자 묵자는 이에 대한 대비책으로 안으로 나라를 잘 다스리고 외교에 힘쓰며 방비를 튼튼히 하면 강한 제나라의 공격을 충분히 막을 수 있다고 주장한다. 이 주장은 비단 이곳에서만이 아니라 다른 곳에서도 많이 나온다. 이어서 침략하려는 제나라에 가서는 침략의 부당성과 피해를 들어 침략하지 말 것을 설득한다.

이런 두 가지 행동을 보면 묵자도 다른 많은 제자백가들과 마찬가지로 여러 나라를 돌며 적극적으로 유세했다는 것을 알 수 있다. 다만 묵자와 다른 사상가들의 차이는 묵자가 평화와 반전을 주장한 데 비해 다른 사상가들은 부국강병을 주장했다는 점이다. 물론 이 노문편에서 제나라 군주는 쉽게 설득되지만 다른 큰 나라들도 그렇게 될지는 알 수 없다. 다만 우리가 눈여겨 볼 점은 묵자가 단지 입으로만 전쟁을 반대하고 평화를 주장한 것이 아니라 적극적으로 이를 실현하기 위해 노력했다는 점이다.

다음으로 나오는 것이 세상과 등지고 스스로를 의로운 사람으로 자처하며 살아가는 오려라는 은둔자와의 대화다. 묵자는 여기서 개인의 의로운 행동 자체를 부인하지는 않지만 개인적인 행위로는 세상을 구할 수 없다고 하면서 오려를 설득하고 있다. 의로운 사람이라면 마땅히 힘과 재물을 남들과 함께 나누어야 하지만 그것이 개인적인 행위에 그쳐서는 안 된다는 것이다. 차라리 훌륭한 성왕들의 가르침과 도를 깨우쳐 사회 지도층과 백성 모두에게 전하고 설득하는 것이 더 낫다는 것이다.

이런 주장은 《맹자》에도 나오는데 맹자는 허행이라는 은둔자에게 묵자와 비슷한 논리로 설득한다. 묵자와 맹자 모두 개인적인 선함이나 의로움으로는 세상을 구할 수 없다는 입장인 셈이다. 여기에서는 '행동하는 지식인'을 추구했던 묵자의 사상이 결코 개인적인 차원이 아니라 사회적인 차원이었음을 알 수 있다.

3. 공수(公輸) - 반전과 평화의 길

공수편은 노나라 출신의 장인 공수반(公輸盤)이라는 인물과 나눈 대화를 다루고 있다. 여기서는 묵자가 초나라를 위해 송나라를 침공하려는 계획을 세우던 공수반을 설득하여, 결국 초나라가 송나라를 침공하지 않도록 하는 데 성공한다는 내용을 소개한다. 이 편에서 우리는 전쟁을 막기 위한 묵자의 열정적이고 논리적인 모습을 접할 수 있다. 반전과 평화를 위해 최선의 노력을 다하는 실천적인 철학자 묵자의 모습을 다시 한번 확인하게 된다.

전쟁을 막기 위해 열흘 밤낮을 쉬지 않고 달려가다

공수반이 초나라를 위해 성을 공격하는 기계인 운제(雲梯, 높은 사다리)를 만들어 송나라를 공격하려 했다. 이 말을 듣고 묵자가 열흘 밤낮 동안 쉬지 않고 달려가 초나라에 도착하여 마침내 공수반을 만났다. 공수반이 묵자에게 물었다. "선생께서는 무슨 일로 오셨습니까?" 묵자가 대답했다. "북쪽에 나를 업신여기는 자가 있는데, 선생의 힘을 빌려서 그를 죽이고 싶어 왔습니다." 공수반이 기분이 좋지 않은 얼굴을 하자 묵자가 다시 말했다. "10금(金)을 드리지요." 공수반이 말했다. "저는 의로움을 받드는 사람으로서 절대 사람을 죽이지는 않습니다."

이 말을 듣고 묵자가 일어나 공수반에게 두 번 절하며 말했다. "선생께서 운제를 만들어 송나라를 공격하려고 하신다는 말을 들었습니다. 송나라에 무슨 죄가 있습니까? 초나라의 땅은 남아돌지만 백성들의 숫자는 부족한데, 부족한 백성들을 희생시켜 남아도는 땅을 빼앗기 위해 전쟁한다는 것은 지혜롭지 못한 일입니다. 아무 죄도 없는 송나라를 치는 것은 어질지 못한 일입니다. 이 모든 것을 알면서도 간하지 않는 것은 충성스럽지 못하며, 간하여 뜻을 이루지 못하는 것은 강직하다고 할 수 없습니다. 또한 의로움을 받들어 사람을 죽이지 않는다고 말하면서 많은 백성을 죽인다면 미루어 생각할 줄 아는 것이라 할 수 없습니다."

공수반은 묵자의 말을 듣고 고개를 끄덕였다. 그러자 묵자가 공수반에게 말했다. "그런데도 어째서 송나라를 공격하는 것을 중지시키지 않습니까?" 공수반이 말했다. "안 됩니다. 왕에게 그렇게 하겠다고 약속했습니다." 묵자가 말했다. "제가 왕을 만날 수 있도록 도와주시겠습니까?" 이에 공수반이 그렇게 하겠다고 했다.

작은 것을 위해 큰 것을 버리는 전쟁의 어리석음

묵자가 초나라 혜왕을 만나서 말했다. "지금 여기 어떤 사람이 있는데, 화려한 자신의 수레를 버려두고 이웃에 있는 낡은 수레를 훔치려 하고, 화려한 자신의 비단옷을 놔두고 이웃의 거친 베옷을 훔치려 하고, 좋은 음식과 고기는 놔두고 이웃의 겨와 지게미를 훔치려 합니다. 이 사람을 어떤 사람이라 하시겠습니까?"

혜왕이 말했다. "그런 사람은 도둑질하는 버릇이 있는 사람이지요."

이에 묵자가 말했다. "초나라는 사방이 5천 리이고 송나라는 사방이 5백 리이니, 이는 마치 무늬가 새겨진 좋은 수레와 낡은 수레를 비교하는 것과 같습니다. 초나라에는 운몽(雲夢)이라는 호수가 있는데 그 근처에 물소와 외뿔소, 고라니, 사슴 같은 짐승들이 가득하고, 장강과 한수(漢水)에서는 물고기, 자라, 악어 등이 나와 백성들은 여유롭게 살고 있습니다. 그런데 송나라는 꿩이나 토끼, 여우 같은 것조차도 나오지 않는 나라이니 이는 마치 기장과 고기에 대해 겨와 지게미 같은 것입니다. 또한 초나라에는 좋은 목재가 나는데 송나라에는 긴 나무도 없으니, 이는 마치 수를 놓은 비단과 짧고 거친 옷을 비교하는 것과 같습니다. 저는 초나라가 송나라를 공격하려는 것은 도둑질하는 버릇이 있는 사람이 하는 일과 같은 것이라고 생각합니다. 제가 생각하기에 왕께서 송나라를 치시면 반드시 의로움만 손상시킬 뿐, 얻는 게 없을 것입니다."

이에 왕이 말했다. "좋은 말이오. 하지만 공수반이 나를 위해 운제를 만들었으니 반드시 송나라를 빼앗을 것이오." 그러자 묵자는 다시 공수반을 만나러 갔다.

침략전쟁은 반대하되 방어전에는 철저히 대비하라

묵자가 허리띠를 풀어 성 모양을 만들고 나무 조각으로는 성을 방어하는 장치를 만들었다. 공수반이 성을 공격하는 기계를 써서 아홉 번이나 공격을 시도했지만 묵자는 이를 다 막아 내고도 여유가 있었다. 공수반이 굴복하여 말하길 "나는 선생을 이길 방법을 알고 있지만 말하지 않겠습니다." 하자 묵자 역시 "나도 선생을 막을 방법을 알고 있지만 말하지 않겠소."라고 말했다.

이 이야기를 듣고 초나라 왕이 그 까닭을 묻자 묵자가 말했다. "공수반의 뜻은 저를 죽이려는 것에 지나지 않습니다. 저를 죽이면 송나라는 막을 수 있는 능력이 없으니 곧 공격할 수 있습니다. 그러나 저의 제자들 300명이 이미 제가 만든 방어용 기계를 가지고 송나라 성 위에서 초나라의 공격을 기다리고 있으니, 비록 저를 죽인다 해도 전멸시키진 못할 것입니다." 이 말을 듣고 초나라 왕이 "좋소.

송나라를 공격하지 않겠소."라고 말했다.

묵자가 돌아가는 길에 송나라를 지나가는데 비가 내려 비를 피해서 마을로 들어가고자 했다. 그런데 문지기가 안으로 들여보내 주지 않았다. 이에 묵자가 탄식하며 말했다. "신묘하게 일을 다스리는 사람에 대해서는 많은 사람들이 그 공을 모르고, 드러내 놓고 싸운 자에 대해서는 많은 사람들이 알아주는구나."

앞의 비공편에서도 묵자는 여러 가지 이유를 들어 다른 나라를 공격하는 전쟁에 반대했다. 하지만 이 공수편에서는 평화라는 것이 명분만으로는 이루어질 수 없는 것임을 보여 주고 있다. 다른 나라를 침략하지 않으며 다른 나라와 사이좋게 지낸다고 해서 평화가 이루어지는 것은 아니다. 묵자는 언제 있을지도 모르는 이웃나라의 공격을 저지할 수 있는 물리적 방어력을 갖추고 있어야만 평화가 가능한 것임을 직접 증명해 보이고 있다.

공수편을 보면 묵자는 입으로만 평화를 외친 지식인이 아니라 스스로 발로 뛰며 방어 방법을 익혀 활용하는 실천적인 지식인임을 보여 준다. 당시에는 수많은 전쟁이 벌어졌는데, 그런 전쟁의 과정에서 나라와 나라 사이에는 무고한 생명과 수많은 재산, 그리고 자연과 환경의 파괴가 일어났다. 이렇게 많은 피해를 주는 전쟁을 막기 위해서는 먼저 방어 방법을 터득하여 평화의 도구로 활용해야 한다. 이 공수편의 전개 과정을 보면 실천적인 묵자의 모습을 그대로 살필 수 있다. 묵자는 먼저 공수반을 설득하고 다음에 초나라 왕을 설득하고 마지막으로는 방어 능력을 보여서 전쟁을 막는다. 이 책 《묵자》의 전체 내용 가운데 가장 긴 이야기 구조를 가진 것이 이 공수편인데, 마치 한 편의 잘 만든 단편 소설 같은 느낌을 준다.

역사를 가정해 보는 것이 부질없는 일이긴 하지만 만일 초나라의 공수반이 예정대로 송나라를 공격했다면 얼마나 많은 무고한 사람이 희생되고 자연과 재산이 파괴되었겠는가? 그러한 끔찍한 전쟁을 막아 내기 위해 열흘 밤낮을 달려 초나라로 가서 최고 실권자와 거침없이 담판을 벌이면서 전쟁을 무산시킨 묵자의 평화를 추구하는 노력과 열정, 용기는 높이 살만하다.

끝부분에서 송나라를 위해 목숨을 걸고 노력했던 묵자를 송나라 어느 마을의 문지기가 환영은커녕 문 앞에서 푸대접하는 대목이 나오는데 이 부분을 굳이 넣은 이유는 무엇일까? 아마도 세상 사람들의 얄팍한 이해타산과 겉의 화려함만 알고 깊은 속내를 알아주지 않는 당대의 현실을 개탄해서 이 대목을 굳이 소개하지 않았을까 생각된다.

제 4 부 _ 적의 공격에 맞서는 방어의 방법

《묵자》에서 적과 맞서 성을 방어하는 방법을 구체적으로 다룬 부분 가운데 비성
문(備城門), 호령(號令) 두 편을 골라 구성했다. 여기서 묵자는 침략과 공격에 대항
할 수 있는 다양하고 실용적인 방어 지침과 전쟁 시 백성들을 다스리는 방법을
제시하고 있다. 이 부분을 통해 방어전을 대비하는 묵자의 실천적 모습을 엿볼
수 있다.

1. 비성문(備城門) - 성문을 지키는 법

비성문이란 '성문을 지킨다.'라는 뜻으로, 묵자는 비성문편에서 다른 나라의 침략과 공격에 대해 적극적으로 맞서 싸우는 방법을 소개하고 있다. 여기에 소개된 다양하고 실용적인 방어 지침들을 살펴볼 때, 묵자가 평화를 이루기 위해 적극적인 설득만 한 것이 아니라 방어 전쟁에 대해 철저히 준비하고 노력했음을 알 수 있다.

적의 공격에 맞서 성문을 지키는 방법

제자인 금활리(禽滑釐)가 묵자에게 말했다. "세상이 평화로울 때면 나타난다는 봉황새가 나타나지 않으며 제후들은 은나라, 주나라를 배반하여 세상 여기저기에서 전쟁이 일어났습니다. 큰 나라가 작은 나라를 공격하고 강한 나라는 약한 나라를 빼앗고 있습니다. 제가 작은 나라를 지키고자 하는데, 어떻게 해야 하는지요?"

이에 묵자가 되묻길 "어떤 공격을 막고자 하는가?" 하자, 금활리가 대답했다. "지금 세상에서 흔히 하는 공격은 흙을 높이 쌓고 그 위에 올라가서 공격하는 임(臨), 고리가 달린 줄을 걸고 성벽을 기어올라 공격하는 구(鉤), 쇠뭉치를 단 수레를 성벽에 부딪혀 성을 부수는 충(衝), 사다리가 달린 수레를 성벽에 닿게 하여 공격하는 제(梯), 해자를 흙으로 메우는 인(湮), 물로 공격하는 수(水), 땅에 구멍을 파고 공격하는 혈(穴), 성벽을 뚫고 공격하는 돌(突), 성안까지 굴을 파고 공격하는 공동(空洞), 군사들이 한꺼번에 성벽으로 기어올라 공격하는 의부(蟻附), 성을 공격하는 갖가지 기구를 단 분온(轒輼), 사람들을 태운 판을 높이 들어올렸다 내렸다 하는 헌거(軒擧) 등이 있습니다. 감히 이 열두 가지 공격을 방어하려면 어떻게 해야 하는지 여쭙겠습니다."

묵자가 말했다. "성과 성 둘레에 판 연못을 손보고, 방어 기구를 마련하며, 땔감과 식량을 풍족하게 하여야 한다. 그리고 윗사람과 아랫사람이 서로 친하며, 사방에 있는 이웃 제후들의 구원을 얻는 것이 성을 지탱할 수 있는 방법이다. 또한 지키는 사람이 비록 유능하나 군주가 그를 등용하지 않으면 지킬 수 없게 된다. 만약 군주가 지키는 자를 등용하려면 반드시 지킬 수 있는 능력을 가진 사람을 써야 한다. 지킬 능력이 없는데도 등용하는 것은 곧 지킬 수 없게 되는 것과 같다. 그러므로 성을 지키는 자는 반드시 유능해야 하고 군주는 그를 존중하여 등용해야만 성을 지킬 수 있는 것이다.

무릇 성을 수비하는 방법은 이렇다. 성벽을 두텁게 하여 높이고, 성 주위의 도랑과 연못을 깊게 하여 넓히며, 망루를 수리하여 수비에 편리하도록 하며, 땔감과 식량은 3개월 이상 지탱할 수 있게 한다. 성을 지키는 사람들은 많으면서도 잘 선발된 사람이어야 하며, 관리와 백성은 화목하고, 대신들은 군주에 대한 공로가 있는 사람이 많으며, 군주는 신의와 의로움으로써 백성들을 즐겁게 해야 한다. 또한 성을 지키기 위해서는 부모의 묘지가 있다든가 아니면 산, 숲, 들, 연못에서 나는 먹을거리가 풍족하면서도 쉽게 구할 수 있거나 지형이 공격하기 어렵고 방어하기 쉬운 곳이어야 한다. 아니면 적에게 깊은 원한이 있거나 군주에게 큰 공이 있으면 좋다. 또한 상을 주는 것이 명확하여 믿을 수 있고 형벌은 엄격하여 두려움을 주기에 충분하면 된다. 이런 것들이 갖추어지면 백성들 또한 윗사람을 믿고 좋아할 것이다. 그런 뒤에야 성을 지킬 수 있고, 이런 여러 가지 조건 중에 한 가지라도 없으면 유능한 사람이라도 성을 지킬 수 없을 것이다."

앞의 여러 편에서 보았듯이 묵자는 남의 나라를 침략하는 전쟁을 반대한 사람이었다. 그러나 막상 전쟁이 일어난다면 어떻게 대처할 것인가? 묵자는 그냥 앉아서 당해서는 안 된다는 입장에서 다른 나라의 공격에 대비하는 다양한 방어 방법을 제시한다. 이 비성문편에서는 성의 방어 방법에 대해 아주 구체적이고 치밀하게 조목조목 다루고 있는데, 여기서는 중요한 몇 가지 내용만 다루었다.

묵자가 강조하는 것은 결코 무기나 방비를 제대로 갖추는 것만은 아니다. 성의 방어를 위해 무기나 성벽, 망루, 해자 등을 제대로 갖추고 성 주변의 지형지물을 이용하여 효과적으로 방어하는 것도 중요하지만, 무엇보다도 유능한 사람을 기용하고 군주와 신하, 관리와 백성들 사이에 화합하는 것이 중요하다고 말한다.

여기서 우리는 묵자가 생각하는 전쟁에 대비하는 기본 정신을 알 수 있다. 유능한 장수의 기용과 더불어 각 신분의 사람들 사이에 신뢰와 화합이 없으면 아무리 견고한 성을 갖추고 날카로운 무기를 갖고, 많은 사람이 있더라도 전쟁에서 이길 수 없다는 것이다. 이것은 비단 묵자 당시에만 해당되는 말이 아니다. 오늘날에도 전쟁을 하든 운동경기를 하든, 또는 다른 회사와 경쟁을 하든 모든 조직에서 무엇보다도 중요한 것은 유능한 지도자를 중심으로 화합과 단결을 하는 것이다.

이런 관점에서 보면 묵자는 그 무엇을 하든지 항상 사람을 가장 중요하게 여긴 철학자라 할 수 있다. 제대로 된 지도자를 뽑고 신의와 의로움을 바탕으로 하는 전 사회적인 단결은 사람에 대한 믿음이 없으면 불가능하기 때문이다.

2. 호령 (號令) - 전시에 백성을 올바로 다스리는 법

호령이란 '전쟁이 일어났을 때 백성을 다스리는 명령'을 뜻한다. 묵자는 호령편에서 다른 나라의 공격으로 전쟁이 벌어졌을 때 성안의 백성들을 어떻게 다스려야 하는지와 지휘관과 병사, 백성들이 지켜야 할 행동지침을 매우 엄격하고도 구체적으로 제시하고 있다.

전시에 백성을 올바로 다스리는 법

다른 나라의 공격에 미리 준비하지 않으면 안정을 찾을 수 없다. 관리와 병사와 백성들이 한마음이 되도록 장수나 우두머리가 책임져야 한다. 모든 상벌과 치안은 군주로부터 나오는 것이다. 군주는 자주 사람을 보내 국경 주변에 있는 성이나 관문, 요새 등을 지키는 사람들을 특별히 위로하고 상을 주어야 한다. 국경이나 성을 수비하는 병사들에게 군수물자나 그 밖에 필요한 것들이 부족하지 않은지 늘

살피고 보고하도록 한다.

군율을 엄격하게 적용하여 성문을 지키는 병사와 경계 임무를 맡은 병사 주변에 아무 일도 없는 사람이 얼쩡거리지 못하게 하고 명령에 따르지 않으면 목을 벤다. 성안의 마을을 여덟 개 부(部)로 나누어 각 부락마다 한 명의 관리를 둔다. 관리는 각각 네 명을 거느리고 마을을 순찰하게 한다. 마을을 수비하는 일이나 재물을 관리하는 일에 참여하지 않는 백성들을 마을에 따라 네 개의 부로 나누어 그들 중 한 명을 우두머리로 삼고, 그로 하여금 행인들 가운데 규정 시간을 지키지 않고 돌아다니거나 수상하게 행동하는 사람을 검문하게 하여 첩자를 찾아내고 체포하기 쉽게 한다.

성 위에서 수비를 담당하고 있는 여러 남자들 가운데 10분의 6은 강한 활을 갖게 하고, 10분의 4는 다른 무기를 들게 하며 젊은 여자와 노인과 어린아이들은 한 개의 창을 갖게 한다. 갑자기 위급한 일이 생기면 중앙 부대에서 북을 세 번 쳐서 성안의 도로와 마을 안의 골목길까지 통행을 금지한다. 이를 어기는 자는 목을 벤다.

여자가 군부대로 들어와 다니게 될 경우, 남자는 왼쪽으로 걷고 여자는 오른쪽으로 걷되 나란히 가면 안 된다. 모든 사람은 수비하는 곳으로 가야 한다. 명령에 따르지 않으면 목을 벤다. 지키는 곳을 무단으로 이탈한 사람은 목을 베어 사흘간 전시하는데, 이는 첩자 노릇 등 간사한 행동에 대비하기 위해서다.

노인들이 지키는 곳과 외진 곳, 사람이 없는 으슥한 곳까지 순찰해야 한다. 간사한 백성이 다른 마음을 먹고 적과 내통을 꾀하면 그 죄인은 몸을 수레에 매어 찢도록 한다. 마을 이장과 노인들, 부를 책임진 관리가 간사한 자를 잡아내지 못하면 목을 베고 간사한 자를 잡아내면 죄를 면제해 주고 황금 20~30냥을 상으로 준다.

대장은 자기 측근에게 수비하는 곳을 순찰하게 하되, 밤이 긴 날은 다섯 번, 짧은 날은 세 번 순찰하게 한다. 다른 관리들도 자신들이 수비하는 곳을 순찰하게 하는데 대장과 같이 하도록 하고 명령을 어기면 목을 벤다. 조심하여 불이 나지 않도록 하되, 화재를 내는 자는 목을 벤다. 고의로 불을 지르고 소란을 피우는 자는 몸을 수레에 매어 찢어 죽인다. 같이 있던 사람 중에 불난 것을 신고하지 않거나 불낸 자를 찾아내지 못하면 범인을 대신하여 그들의 목을 베고 범인을 찾아내면 살려 준다.

불을 끄는 사람들은 떠들어서는 안 되며, 만일 일부러 큰 소리를 내거나 자기가 수비하는 곳을 이탈하여 마을을 돌아다니며 불을 끈 자도 목을 벤다. 마을 이장과 어른들, 그리고 그곳을 지키는 부의 관리들은 모두 불 끄는 일을 해야 한다. 부의 관리는 급히 사람을 보내 대장에게 보고하고 대장은 곧 부하들을 보내 불을 꺼야 한다. 부의 관리가 실수로 대장에게 보고하지 않았을 경우도 목을 벤다. 여자라도 죽을죄를 지었거나 불을 내서 사람들에게 해를 끼쳤거나 소란을 피웠으면 모두 법대로 처벌한다.

성이 적에게 포위당했을 때 제일 중요한 것이 금지 명령이다. 적군이 갑자기 들어왔을 때, 관리와 백성들이 큰 소리를 내지 않도록 엄금한다. 세 명 이상 모여 나란히 가거나 서로 마주보고 앉아 눈물을 흘린다거나 손짓을 하며 탐문을 하고 서로 뒤쫓아 가며 물건을 던진다거나, 서로 부르고 때리며 싸우고 말다툼을 벌이고 제멋대로 적의 동향을 살피는 자는 목을 벤다.

다섯 명의 사람을 한 조로 만들어 그 가운데 위와 같은 죄를 진 자를 잡지 못하면 목을 베고 잡으면 면죄해 준다. 그 조에 한 명이라도 성을 넘어 항복한 경우 그를 붙잡아오지 못하면 그 조 나머지 사람 모두 목을 벤다. 성문 수비를 총괄하는 백장(伯長)이 적에게 항복하면 그가 소속된 부대의 관리를 베고 그 관리가 적에게 항복하면 그 부대의 대장을 벤다. 적에게 항복하는 자의 부모와 처자식, 형제들은 모두 몸을 수레에 매어 찢어 죽이되 먼저 이 사실을 발견한 사람만은 처형을 면제해 준다.

적이 공격해 오는 길목에서 적을 두려워하여 자기 위치를 이탈하는 자는 목을 벤다. 한 조의 사람들이 그 사람을 발견하지 못하면 모두 목을 베고 이탈을 막아 내면 처형을 면제한다. 주요 전투에서 용감하게 싸워 적을 물리치거나 적을 패퇴시켜 적이 다시 공격하지 못하게 되면 가장 용감하게 싸운 자를 한 부대에서 두 사람씩 뽑아 많은 녹봉을 내린다. 적의 포위망을 물러나게 하면 성의 둘레가 1리(약 400미터 정도) 이상일 때는 그 성의 장수에게 30리의 땅을 상으로 주고 관내후(關內侯, 명목상 제후지만 봉토는 없고 녹봉을 받는 지위)의 작위를 준다. 그를 보좌한 대장들과 현령에게는 상경(上卿, 정1품과 종1품의 판서)의 벼슬을 내린다.

《묵자》에서 적과 맞서 성을 방어하는 방법을 구체적으로 다루는 부분으로 다음 11편을 들 수 있다. 비성문(성문을 지키는 방법), 비제(備梯, 사다리 달린 수레로 공격해 오는 적을 방어하는 방법), 비수(備水, 공격해 오는 적을 물로 방어하고 물리치는 방법), 비돌(備突, 성에 구멍을 뚫고 공격해 오는 적에 대한 방어법), 비혈(備穴, 적이 땅굴을 파고 들어오는 것에 대비하는 방법), 비아부(備蛾傅, 적이 개미 떼처럼 많은 병력으로 몰려오는 것에 대비하는 방법), 영적사(迎敵祠, 적이 공격해 올 경우 나가 맞서 싸우기 전에 제사를 지내는 것), 기치(旗幟, 깃발로 신호하는 법), 호령(전시에 백성을 다스리는 법), 잡수(雜守, 여러 가지 방어 기술) 등이 그것이다.

이 가운데 호령편은 전쟁이 일어났을 때 백성들에게 어떤 명령을 내리고 백성이 그것을 지키지 않았을 때는 어떻게 조치하는지를 구체적으로 설명하고 있다. 그런데 호령편을 읽다 보면, 사소한 죄를 지어도 '목을 벤다.'라거나 '수레에 매어 찢어 죽인다.'라는 표현이 자주 등장하여 그렇게까지 엄하게 해야 하는가 하는 의문과 잔인하다는 느낌을 주기도 한다. 하지만 고대로부터 내부의 사소한 실수나 적과의 내통으로 전쟁에 지는 경우가 많아서 그런 엄한 조치를 내린 것으로 보인다. 실제로 묵자의 시대와는 한참 거리가 있는 임진왜란 때에도 병사들의 잘못에 대해 군율을 엄격하고 단호하게 적용한 예를 보면 이해가 될 것이다.

그러면 왜 묵자는 구체적인 방어 방법까지 제시하면서 전쟁에 대비한 것일까? 그것은 한마디로 '유비무환'의 자세 때문이라 할 것이다. 미리 준비하지 않으면 모든 것을 잃을 수 있는 전란의 시대인 전국 시대를 살아가려면 먼저 대비하지 않으면 안 되었을 것이다. 적이 쳐들어온다는 소식을 들은 상태에서 작은 나라를 지키기는 어려웠을 것으로 보인다. 그러니 미리 대비하여 적의 다양한 공격에 대해 하나씩 대응할 수 있는 방법을 알고 있어야 했다.

또한 뒤에 묵가의 사람들이 집단을 이루어 용병 등으로 활약한 점을 미루어 볼 때, 묵자의 제자들이 구체적인 전쟁 방법을 문하생들에게 전하기 위해 이런 편을 넣은 것이 아닌가 하고 추정되기도 한다. 어쨌든 다른 사상가들의 책과는 달리 《묵자》에 전쟁에 대비하는 방법을 기술한 것을 보면 묵가의 사람들은 '평화를 지키기 위한 방어 전쟁'에 매우 적극적인 자세를 보였던 것 같다.

묵자, 사랑과 평화를 위한 지행일치의 삶

1. 묵자의 생애와 시대적 배경

1) 묵자의 생애

묵자가 어떤 사람이고 어떠한 삶을 살았는지에 대한 구체적인 기록은 그다지 많이 남아 있지 않다. 그래서 묵자의 생애에 대해서 자세히 알 수 없는 것이 현실이다. 묵자에 대한 대표적인 기록을 살펴보면 사마천이 지은 《사기(史記)》의 〈맹자순경열전(孟子荀卿列傳)〉에 "묵적(墨翟)은 송나라 대부로서 성을 방어하는 기술이 뛰어났고 절용을 주장했다. 공자와 같은 시대 사람이라고도 하고 혹은 공자의 후세 사람이라고도 한다."라고 적혀 있고, 반고(盤固)의 《한서(漢書)》에도 "묵자의 이름은 적이고, 송나라의 대부가 되었는데 공자보다 후대에 살던 사람이다."라고 기록되어 있다. 이런저런 자료들을 통해서 볼 때, 묵자는 대략 주나라 정왕(定王) 원년(元年)에서 10년에 이르는 사이(기원전 468년 ~기원전 459년) 혹은 공자가 죽은(기원전 479년) 뒤 10여 년 후에 세상에 태어난 것으로 추측된다. 즉, 묵자는 공자가 죽은 해와 맹자가 태어난 해의 중간쯤 되는 전국 시대 초기 사람이라 추측할 수 있다.

2) 묵자의 시대, 춘추 전국 시대

춘추(春秋) 시대는 중국 주나라의 후반기인 약 300년(기원전 8세기~기원전 5세기)의 기간을 이르는 말로 구체적으로는 기원전 770년, 주 왕조가 낙양(洛陽)으로 수도를 옮긴 이후를 말한다. 이 시대를 동주(東周) 시대라고도 하는데, 이 무렵 주 왕조는 명맥만을 유지했을 뿐, 세력이 강해진 제후들이 독립하여 치열하게 싸움을 벌이던 시대였다. 춘추 시대라고 부른 것은 공자가 쓴 노나라의 역사책 《춘추》의 최초의 해(기원전 722년)에서 유래했다고 한다.

전국 시대는 진(晉)나라의 유력 귀족인 한·위·조 세 성씨가 실권을 잡은 해(기원전 453년), 또는 이 세 성씨가 정식 제후로 승격한 해(기원전 403년)로부터 시작되며, 기원전 221년 진(秦)나라 시황제(始皇帝)의 통일로 끝이 난다.

묵자가 살았던 춘추 시대 말기와 전국 시대 초기는 제후국 사이의 잦은 전쟁으로 도덕적·사회적으로 혼란이 극심했던 시대였다. 그럼 왜 그런 혼란과 전쟁이 일어나게 되었는지 살펴보자.

이 시대는 사회·경제적으로 보면 앞 시대와 달리 농업 생산력이 비약적으로 발전한 때다. 춘추 시대 말기 농업 생산력이 발전할 수 있었던 까닭은 무엇보다도 철기의 도입과 확산 때문이었다. 철로 만든 농기구가 본격적으로 사용되면서부터 소를 이용한 농사법인 우경(牛耕)이나 농사에 필요한 물을 논이나 밭에 끌어 대는 관개 공사와 치수 사업이 활발하게 이루어졌다. 그 결과 농업 생산력이 향상되었고 그와 더불어 경지 면적도 늘어났다.

이처럼 향상된 생산력과 농지 개간으로 인해 생산물이 증가하자 전국 시대 각국의 군주들은 보다 많은 부를 축적하게 되었고 늘어난 부를 바탕으로 자신들의 권력을 강화해 나갔다. 한편, 이런 농업 생산력의 발전을 기반으로 잉여 생산물을 교역하고 소금이나 철 등의 상품을 생산하고 판매하는 상업이 발전하게 되었으며, 교환을 위한 화폐도 등장한다. 유물로 출토된 쟁기 모양을 본뜬 포전(布錢)과 작은 칼 모양을 한 도전(刀錢) 등 청동 화폐가 대표적이다.

경제 발전은 사회 조직에도 변화를 가져와 이제까지 사회의 기본을 이루고 있던 공동체적인 씨족 제도가 무너지고 가장을 중심으로 하는 가족 단위의 경제 생활이 이루어졌다. 이들 가족 단위 중 일부는 몰락하여 노예가 되는 경우도 있었지만, 반대로 광대한 토지를 취득하고 많은 부를 소유한 세력 있는 호족도 나타나게 되었다. 그 결과 토지의 사유화를 바탕으로 지주 계급이 등장했고 상인을 중심으로 시장 경제가 발전하게 되었다.

이러한 사회 경제 전반의 변화는 제후국들 서로에게도 영향을 미쳐 나라를 부유하고 강하게 하기 위한 전쟁을 부추겼다. 전쟁은 사람들의 삶에도 많은 영향을 미치고 그전까지 유지되던 평화롭고 공동체적인 윤리관이나 도덕관도 변하게 했다. 그 결과 무한 경쟁과 이기적인 행동이 자주 나타나게 된 것이다.

한편 시대의 변화와 더불어 인재 등용의 방식에도 변화가 있었다. 가문의 배경이 없더라도 자신의 재능과 노력만으로도 능력을 인정받을 수 있게 된 것이다. 몰락한 귀족의 자손이나 선비, 심지어는 상공업자나 농민도 군주나 유력 인사에게 접근하여 각자의 자질과 능력에 따라 법률·군사·외교 등 각 분야에서 두각을 나타낼 수 있게 되었다. 군주나 세력이 있는 관료의 입장에서도 나라를 부유하고 강하게 하기 위하여 널리 인재를 구할 필요가 있었기 때문에 다른 나라에서 몸을 피해 온 망명 인사까지도 등용했다. 이렇게 해서 나타난 것이 이른바 제자백가다.

제자백가 또는 백가쟁명(百家爭鳴)이라는 말처럼, 이 시대는 정치적·사회적 변동을 배경으로 수많은 사상가들이 어떻게 하면 사회 질서를 바로잡고 이상적인 나라를 만들어 갈 수 있는가에 대해 여러 가지 입장을 적극적으로 주장했다. 공자·맹자·순자(荀子) 등의 유가는 효제·인의·예를 바탕으로 정치를 해야 한다고 주장했고, 묵자를 창시자로 하는 묵가는 가족이나 신분 질서를 초월한 겸애 사상을 말했으며, 상앙(商鞅)·한비(韓非)와 같은 법가는 법에 의한 엄격한 지배, 군주 권력의 절대화에 의한 부국강병의 실현을 정치의 목표로 삼았다. 이 밖에도 심한 정치 변동에 대한 반발과 혼탁한 세상에 대한 염증으로 문명 생활을 부정하고 모든 사람들이 농사에 종사할 것을 주장한 농가, 인위적인 정치와 인위적인 도덕을 반대한 노자·장자 등의 도가도 있었다.

3) 묵자의 출신 배경과 묵가의 형성

묵자의 출신 배경은 그의 사상을 이해하는 중요한 실마리가 될 수 있다. 이 책의 본문 내용에서도 짐작할 수 있는 것처럼 묵자는 당시의 하층 계급이던 공인이나 노동자였을 것이라는 추측이 일반적이다. 실제로 '묵(墨)'은 목수들이 직선을 긋는 데 쓰는 연장 가운데 하나인 먹줄을 뜻하기도 한다. 이를 뒷받침하는 근거로 《묵자》에 목수들이 사용하는 도구의 이름이 자주 등장하고 있다는 점과 묵자를 적의 공격으로부터 성을 방어하는 데 필요한 기구들을 제조하는 기술에 능한 사람으로 이야기한다는 점, 또한 묵자가 당시 지배층이나 귀족들의 사치를 강력하게 비판하고 노동과 절용을 중시한 점 등을 들고 있다.

묵자의 출신 배경에 대한 또 다른 견해도 있다. 묵자의 사상이 지배층을 비판하고 하층민의 이익을 대변하거나 옹호했기에 당시에는 매우 위험한 사상으로 간주되어 묵이란 성(姓)이 묵형을 받은 데서 나온 것이라는 주장이 그것이다. 묵형이란 죄인의 얼굴에 먹으로 글자를 새겨 넣는 형벌을 말하는데, 우리나라 조선 시대에도 도둑질을 하면 얼굴에 '도(盜)'자를 문신처럼 새겨 넣었다. 묵자가 활동하던 전국 시대에 주나라의 형법상 지배층을 형벌로 다스리지 않았고, 피지배층에게만 형벌을 가했다는 사실에서 묵자가 형벌을 받은 하층민이었음을 유추할 수 있다는 것이다.

이 밖에도 어떤 학자는 묵자의 피부가 검었기 때문에 묵씨라 불렸다고도 말한다. 즉 피부가 검다는 것은 그가 노동하는 계층이었음을 말해 준다는 것이다. 끝으로, 그의 사상을 따른 제자들 대부분이 하층 무사 집단이나 기술자 집단이었다는 점에서도 묵자가 하층 계급 출신이었음을 짐작하게 한다. 이런 여러 가지 점을 종합해 볼 때, 묵자는 하층 계급에 속하면서 일정하게 학식을 갖춘 사람이었다고 추정할 수 있다.

한편 묵자의 추종자였던 묵가 집단에 대한 기록을 보면 묵가가 한때 그 세력과 영향력이 매우 컸으며, 다른 학파와 구별되는 매우 독특한 성격을 지닌 집단이었음을 알 수 있다. 우선, 묵가는 잘 짜여진 조직과 엄격한 규율을 가진 집단이라고 전해진다. 《회남자(淮南子)》에 보면 "묵가는 불 속에도 뛰어들고 칼날 위에도 올라설 뿐 아니라 죽는 한이 있더라도 발길을 돌리지 않는다."라고 기록되어 있다.

또한 《여씨춘추(呂氏春秋)》에는 묵자를 이은 거자(鉅子, 묵가 집단의 우두머리)였던 복돈(腹黕)에 관한 이야기가 나오는데, 이를 보면 묵가가 강력한 규율을 가진 집단임을 알 수 있다. 복돈의 외아들이 사람을 죽였는데, 진(秦)나라 혜왕(惠王)이 복돈의 나이가 많은 데다가 다른 아들이 없음을 알고 미리 형리에게 복돈의 아들을 처형하지 않도록 조치해 놓고, 복돈에게 혜왕 자신의 뜻에 따르라고 했다. 그러나 복돈이 거절하며 말했다. "살인자는 사형에 처하고 남을 해친 자는 형벌에 처하는 것이 묵가의 법입니다. 이는 사람을 죽이거나 해치지 않도록 하기 위함입니다. 무릇 사람을 죽이거나 해치는 행위를 금하는 것은 천하의 대의입니다. 왕께서 비록 제 자식을 사면하여 처형하지 않도록 하셨지만 저로서는 묵가의 법을 따르지 않을 수 없습니다." 결국 복돈은 왕의 사면 권유를 받아들이지 않고 외아들을 처형했다고 한다. 이 일화에서도 알 수 있듯이 묵가 집단은 남에게 해를 끼치는 행위를 미워하고 정한 법과 규율을 예외 없이 따르는 집단이었다.

이 밖에 묵가 집단의 세력과 영향력이 얼마나 컸는지에 대한 기록을 살펴보면 《한비자(韓非子)》에는 "세상에서 가장 큰 학파는 유가와 묵가다."라고 쓰여 있고, 《여씨춘추》에는 "공자와 묵자의 제자들이 천하에 가득하다."라고 했다. 이런 기록으로 미루어 볼 때 전국 시대까지는 묵자의 영향력이 매우 강했음을 알 수 있다.

4) 유학의 성장과 묵가의 몰락

전국 시대까지만 해도 광범위한 지지를 받았던 묵가의 사상은 진(秦)나라와 한나라를 거치면서 급격하게 몰락의 길을 걷게 되고, 약 2천여 년 동안 잊혔다가 청나라 때 실증적인 학문이 등장하면서 다시 부활하게 된다. 그러면 묵가 사상은 왜 그렇게 몰락하게 되었는가?

근대 중국의 대표적 문학가인 호적(胡適)은 묵가 사상이 급격하게 쇠퇴하고 몰락하게 된 원인으로 한나라 이후 학문적 실세가 된 유가의 배척과 묵가 사상의 개혁적이고 저항적인 내용을 정치가들이 기피한 사실을 들었다. 또한 후기 묵가 사상이 유가에 대항하기 위한 학문적 보완과 정당화의 필요성 때문에 묵가 사상 초기처럼 백성들의 실제 생활을 돕기 위한 노력보다는 어려운 이론 투쟁에 참여함으로써 궤변으로까지 흘렀다는 점도 지적했다.

중국이 하나의 국가로 통일되기 전까지는 체제에 불만을 지닌 저항적 백성들을 중심으로 묵가의 사상이 상당한 호응을 받았지만, 통일 이후 권력의 안정기로 접어들면서 묵가 사상뿐만 아니라 유가를 제외한 어떤 이념이나 사상도 배척되고 관심권 밖으로 밀려나 버린 것이다. 그래서 도가 등 일부 사상은 민중들의 삶 속에 파고들어 그 명맥이나마 이어왔지만 유가와 비슷하게 정치 사상적인 요소가 강한 묵가 사상은 철저하게 외면당했던 것이다.

2.《묵자》라는 책에 대해

《묵자》는 묵자 자신이 쓴 것이 아니고, 묵자를 따른 제자들이 여러 세대에 걸쳐 쓴 것이라고 보는 게 일반적인 견해다. 이는 공자의 언행을 기록한 《논어》가 공자가 죽은 뒤에 제자들에 의해 기록되고 정리된 것과 같다. 《묵자》는 제자백가들의 책 중에서도 가장 읽기 어려운 책 중의 하나로 여겨지는데, 그 이유는 유가를 계승한 맹자가 묵자를 배척한 뒤로 학자들이 《묵자》를 소홀히 다루었기 때문이다. 다시 말해 고대의 책은 대나무를 엮어서 만든 죽간(竹簡)에 쓴 것이었는데, 《묵자》는 오랜 세월을 거치면서 일부 내용이 빠지거나 뒤섞이게 되었고 제대로 정리하는 사람도 없었기 때문이다.

《묵자》는 그렇게 정리가 안 된 채 오랫동안 도가의 경전인 《도장(道藏)》에 끼어 있기도 하다가, 청나라 때 와서 필원(畢沅)이 《묵자주(墨子注)》 16권을 따로 출간함으로써 처음으로 세상에 알려지게 된다. 그 뒤 1894년 손이양(孫詒讓) 《묵자간고(墨子間詁)》 15권을 출간함으로써 비로소 그 의미를 제대로 파악하여 읽을 수 있게 된다. 그리고 그 뒤 중화민국 초기에 양계초(梁啓超), 호적 등과 같은 학자들이 주를 달고 분류함으로써 오늘날 우리가 읽는 《묵자》가 태어나게 된 것이다.

후한 시대의 역사서 《한서》에 의하면 《묵자》는 원래 71편으로 쓰여졌다고 한다. 그러나 약 20여 편이 빠져 현재까지 전하는 것은 모두

53편으로 양계초에 의해 5부 15권 53편으로 분류되었다. 오늘날에도 대부분의《묵자》연구자들은 양계초의 분류에 따르는데, 이를 소개하면 아래와 같다.

제1부는 친사(親士)·수신(修身)·소염(所染)·법의(法義)·칠환(七患)·사과(辭過)·삼변(三辨)으로 묵가 사상의 개요에 해당한다.

제2부는 상현(尚賢) 3편·상동(尚同) 3편·겸애(兼愛) 3편·비공(非攻) 3편·절용(節用) 2편·절장(節葬)·천지(天志) 3편·명귀(明鬼)·비악(非樂)·비명(非命) 3편·비유(非儒)로 묵가의 열한 가지 주장이라고 부르는 부분이다.

제3부는 경(經) 상하(上下)·경설(經說) 상하·대취(大取)·소취(小取)로 후기 묵가의 제자들이 추가한 부분이라고 알려져 있으며, 논리학·물리학·기하학·생물학 등 오늘날의 자연과학과 관련된 내용으로 묵가 집단이 실제로 경험한 것을 정리한 것이다.

제4부는 경주(耕柱)·귀의(歸義)·공맹(公孟)·노문(魯問)·공수(空輸)로 묵자의 가르침과 행적이 모아져 있다.

제5부는 비성문(備城門)·비고림(備高臨)·비제(備梯)·비수(備水)·비돌(備突)·비혈(備穴)·비아부(備蛾傅)·영적사(迎敵祠)·기치(旗幟)·호령(號令)·잡수(雜守)로 모두 군사적 방어 방법에 대한 것들이다.

3. 묵자 사상의 핵심

앞에서도 보았지만 묵자의 사상은 십여 가지 정도로 정리할 수 있는데, 그런 사상의 밑바탕에는 당시 백성들이 겪고 있던 여러 가지 고통에 대한 동정과 그 해결책을 찾으려는 노력이 깔려 있다.

특히 묵자는 사람들이 겪는 배고픔과 추위, 그리고 피곤하면서도 쉬지 못하는 고통, 이 세 가지에 주목했다. 이를 해결하기 위해 한때는 자신이 직접 땅을 경작하고 옷을 만들어 고통을 겪는 백성들을 구제하려고도 했다.

하지만 이것은 근본적인 해결책이 아니라는 생각이 들어 세상을 구제하기 위한 사상을 공부한 다음 여러 나라를 다니며 제후들을 설득했다. 이렇게 세상을 바꾸기 위해 내놓은 것이 위의 열한 가지 주장이었는데 그중에서도 핵심은 다음의 네 가지 사상이다.

1) 침략 전쟁을 반대함 – 비공

묵자는 다음과 같은 분명한 이유를 들어 다른 나라를 정복하거나 침략하기 위한 전쟁을 반대했다. 첫째, 전쟁은 백성들의 삶을 파괴한다는 것이다. 전쟁은 한여름의 무더위와 한겨울의 추위를 피해서 사람들이 상대적으로 활동하기 좋은 봄과 가을에 주로 일어나는데, 봄과 가을은 계절적으로 대다수 백성들이 농사에 열중해야 할 시기다.

그러니 전쟁이 일어나면 농사를 지어야 할 성인 남자들이 전쟁에 동원되어 농사일을 못하게 되므로 그 해에 먹고 살 식량을 확보할 수 없어서 생존할 수 없게 된다.

이와 더불어 침략 전쟁은 아무 죄도 없는 나라를 침략하여 곡식을 마구 베어 버리고 나무를 잘라내며, 성곽을 허물고 도랑과 연못을 메우고, 가축을 함부로 잡아먹고 조상의 사당을 불태우며, 백성들을 찔러 죽이고 노약자를 넘어뜨리며 나라의 보물을 강제로 **빼앗는다**. 이러한 전쟁이 계속되면 사회는 혼란해지고 백성들은 세 가지 고통에 시달리게 된다. 즉, 굶주린 자가 먹지 못하고, 추운 자가 입지 못하고, 피곤한 자가 쉬지 못하게 된다. 묵자는 이것을 백성들의 세 가지 어려움이라고 했다.

둘째, 비록 한 나라가 정복 전쟁에서 이기고 돌아오더라도 전쟁에 나갈 때 동원된 인원과 장비가 엄청날 뿐만 아니라 전쟁을 하면서 입은 손실과 타격도 엄청나게 되니 그야말로 이겨도 상처뿐인 승리라는 것이다. 특히 인력이 부족한 상황에서 노동력의 원천인 성인 남자들이 수없이 죽게 되므로 인구 자체도 줄어들고 후손을 잇기도 어려워져 결과적으로 아무런 이익이 되지 않는다는 것이다.

셋째, 전쟁에 동원되는 장정의 가족들만이 아니라 전쟁 상대국의 가족들도 뿔뿔이 흩어지는 아픔을 겪게 하고, 전쟁에 지출되는 엄청난 군사비를 충당하기 위해 백성들에게 과중한 세금 부담을 지운다는 것이다. 이렇게 전쟁은 수많은 피해만 줄 뿐 아무런 보탬이 되지 않는데도 계속 전쟁을 일삼으면 결국 백성들의 인내도 한계에 달하게 된다. 이는 곧 체제에 대한 저항과 반란을 일으키는 원인이 되니 나라를 잃고 사직마저 위태롭게 한다는 것이다.

그러나 묵자가 모든 전쟁을 반대한 것은 아니었다. 그는 전쟁을 의롭지 못한 침략 전쟁과 정당한 방어 전쟁으로 나누었는데, 침략 전쟁에 대한 응징 또는 저항이라는 차원에서 방어 전쟁은 반대하지 않았다. 묵자는 말로만 방어 전쟁을 옹호한 것이 아니라 상대의 공격에 맞서서 효과적으로 방어할 수 있는, 그 자신의 풍부한 경험과 지식을 바탕으로 한 구체적인 방법을 제시했다. 침략 전쟁에 대한 묵자의 방어술은 《사기》에도 "방어에 능했다."라고 평가하고 있을 정도로 매우 뛰어났고, 묵가의 사람들이 지킨다는 의미의 '묵수(墨守)'라는 말이 방어를 잘한다는 뜻으로 쓰인 것을 보아도 묵자의 방어술은 빼어났을 것으로 추정된다.

그리고 공수편에 소개된 것과 같이 묵자는 말로만 전쟁을 막으려고 한 것이 아니었다. 그는 어떤 나라가 다른 나라를 부당하게 침략하려고 하면 그런 상황을 그저 남의 일처럼 가만히 보고만 있지 않았다. 묵자는 침략 전쟁을 일으키려는 나라로 며칠 밤낮을 쉬지 않고 달려가 그 나라 군주를 설득하고 또 설득하여 결국 불필요한 전쟁을 막아 낸 적극적인 실천가이자 용기와 능력이 탁월한 외교 협상가였다.

이런 면에서 묵자는 지행일치의 삶을 산 지식인의 모범을 보여 준 인물이라 할 수 있다.

2) 차별 없는 사랑 – 겸애

'묵자' 혹은 '묵가'라는 이름 뒤에는 '겸애'라는 말이 꼭 붙어 다닐 정도로 겸애는 묵자 사상의 핵심이다. 묵자는 당시 정치·사회적 혼란의 원인을 사람들이 겸애하지 않기 때문이라고 진단했다. 겸애란 차별하지 않고 두루 사람을 사랑하는 것을 의미하는데, 사람들이 다른 사람을 차별하고 구별하기 때문에 서로가 서로를 미워하고 다른 사람의 것을 빼앗게 된다는 것이다. 묵자의 핵심적 가르침이라고 할 수 있는 겸애는 기독교의 '네 이웃을 네 몸과 같이 사랑하라.'라는 가르침과 하나도 다르지 않다. 그래서 어떤 학자는 기독교의 가르침인 사랑이 그보다 수백 년 앞서 나온 묵자의 겸애를 참고한 것이라고 주장하기도 한다.

겸애는 묵자가 그토록 비판한 침략 전쟁에 대한 근본적인 해결책이자 대안으로 제시된 개념으로서, 묵자의 최대의 경쟁자였던 공자의 '인'과 대비되는 개념이라고 할 수 있다. 공자는 인을 가장 중요하게 여겼는데, 여기서 인이란 곧 부모를 공경하는 '효'와 윗사람을 공경하고 형제끼리 화목하게 지내는 '제'를 의미한다. 그래서 공자의 인은 가족적인 애정을 바탕으로 출발한 것이다. 즉, 공자의 인은 자기를 중심으로 해서 가족에 대한 가족애, 다음에는 일가친척으로 확대하는 친족애, 거기서 더 나아가 민족애 등으로 동심원을 그리며 좁은 범위에서 큰 범위로 서서히 확대하는 사랑을 의미한다.

그러나 묵자는 모든 사람을 차별 없이 사랑하는 마음이 아니고서는 침략 전쟁과 사회 범죄가 근본적으로 해결되기 어렵다고 보고, 이런 혼란을 극복하기 위한 개념으로 겸애를 제시했다. 묵자는 겸애를 행하는 군주를 '겸군(兼君)', 겸애를 행하지 않는 군주를 '별군(別君)'이라고 칭할 만큼 차별이 있는 사랑에 대해 비판했다. 그러나 '다른 사람을 나처럼, 다른 집을 내 집처럼, 다른 나라를 내 나라처럼 사랑하라.'라는 묵자의 가르침은 이론적으로는 사회적·도덕적 문제를 해결하는 근본적인 대안이기는 했지만, 실제 생활에서는 실현하기 힘든 것이었다. 이렇게 이상적인 성격이 강했던 겸애 사상은 나중에 유가의 강력한 비판을 받게 되었을 뿐만 아니라, 유가에게 사상적인 주류의 자리를 빼앗기는 중요한 원인이 된다.

3) 운명론은 지배 권력이 만들어 낸 거짓말이다 – 비명

모든 자연 현상과 인간의 일은 이미 정해져 있기 때문에 바꿀 수 없다고 믿는 것이 운명론이다. 그런데 운명론은 사람의 힘으로는 어쩔 수 없는 현실을 인정하고 주어진 일과 처지에 맞게 충실히 살아가도록 하는 기능도 있지만, 기득권을 가진 지배 세력이나 통치자들이 피지배 계층을 순종시키기 위한 수단으로 악용하거나 자신들의 부당한 지배를 합리화하기 위한 도구로 이용하는 경우도 많다. 그 대표적인 사례가 바로 사이비 종교에서 흔히 내세우는 종말론이나 체제에 무비판적으로 순종하라고 강요하는 독재 권력의 지배 이데올로기와 같은 경우다.

묵자는 운명론의 그릇된 점을 예리하게 꿰뚫어 보았다. 그래서 묵자는 운명론을 철저히 반대하고 현실의 모순과 부당한 상황에 맞서는 주체적인 실천 의지를 강조했다. 즉, 묵자는 인간 사회의 모든 문제는 운명으로 결정되어 있는 것이 아니라 인간의 노력에 따라 결정된다고 보았다. 대체로 사회가 혼란하고 민심이 사나워지면 내세를 지향하는 운명론이나 공동체보다는 개인의 행복을 기원하고 갈구하는 이기적인 종교가 성행하기 마련이다. 묵자의 운명론 비판은 바로 그러한 사회 풍토에 일침을 가한 것으로 기존 체제에 불만을 가진 세력에게는 매우 설득력을 지닌 저항 논리로 작용했다.

또한 묵자는 운명론을 인정한 유가를 강하게 비판한다. 유가에서는 어쩔 수 없는 운명적인 요소를 인정하고 기존의 신분 질서를 정당하다고 보았기 때문에 이를 강력히 비판한 것이다. 이렇게 묵자의 운명론 비판 속에는 묵자 사상이 지닌 인간의 주체성에 대한 자각이 자리 잡고 있었고, 무비판적으로 받아들이라고 강요하는 지배 질서에 대한 거부와 저항 의식이 있었다. 이런 점에서 묵자의 사상은 개혁적이며 진보적인 면모를 지닌 것이었다. 그러나 이러한 면 또한 유가 사상이 권력의 지배 이념으로 자리 잡은 뒤 묵가가 배척받는 결정적인 이유 중 하나가 된다.

4) 사치와 허례허식을 삼가하라 – 절용·절장·비악

《여씨춘추》에 의하면 묵자는 한때 주나라의 귀족이며 의례(儀禮)에 정통한 사각(史角)의 후손으로부터 학문을 배웠다고 한다. 그러나 사각의 가르침과 학문의 성격이 주나라의 신분 제도에 기초하여 상하 질서를 강조했기 때문에 묵자는 이것으로는 당시 사회의 혼란을 극복할 수 없다고 판단했다.

또한 묵자는 유학을 공부하였으나, 유학이 통치 계급의 입장을 옹호하고 형식적인 예악을 강조했기 때문에 주나라 초기의 봉건 질서를 재현하려는 사상이라고 생각했다. 묵자는 유학 사상이 예와 형식을 중시한 나머지 백성들의 생산 활동에는 도움을 주지 않고 재물을 낭비하게 하여, 백성들을 가난에서 벗어날 수 없게 만든다고 생각했다. 또한 유교가 가족 관계 및 효에 최고의 가치를 부여해 인간의 이기적 본성을 더욱 조장한다고 보았다. 그래서 묵자는 불필요한 예절과 음악에 대해서 부정하고 지배층 스스로가 솔선수범하여 비용을 절약해야 한다고 주장했다.

묵자의 이러한 비용 절약 사상은 오늘날의 관점에서 생각해도 상당히 설득력을 지닌 것으로 보인다. 다만 모든 것을 일반 백성의 입장에서 바라보고 백성의 이익을 우선하다 보니, 비악편 등에서는 음악 자체가 지닌 순기능, 가령 음악이 생산 의욕과 작업 능률을 높이는 역할과 사람의 심성을 맑고 밝게 하는 역할도 한다는 점을 무시한 측면도 있었다. 이러한 음악 자체에 대한 부정은 오늘날로 말하면 자동차의 편리함보다는 자동차가 자원을 낭비하고 환경을 오염시키는 요인이니 자동차를 생산하지 말자고 하는 주장과 같다고 할 수 있다. 순자는 이런 묵자의 태도를 "실용에 가려서 문화를 알지 못하는 것이다."라고 비판했다.

4. 우리는 왜 묵자를 주목하는가?

오랜 세월 동안 잊히고 주목받지 못한 묵자의 사상은 근대 사회가 성립되면서 중국에서 재조명된다. 뿐만 아니라 묵자의 사상은 오늘을 사는 우리에게도 많은 점을 시사한다.

《묵자》를 읽다 보면 오늘의 우리 자신과 사회를 되돌아보게 된다. 그중에서도 특히 묵자가 친사편에서 올바른 인사에 대한 원칙을 제시한 부분이 그러하다. 우리의 오늘을 돌아보면 공정하지 못한 인사로 대통령의 친인척 비리, 대기업 총수들의 측근 중심 운영 등 얼마나 많은 부정과 잘못이 저질러져 왔는지 일일이 다 말하기가 부끄러울 정도다. 묵자가 제시한 것처럼 '그 업무에 가장 적합한 사람을 많은 사람들에게 물어서 기용하고 그들에게 알맞은 권한을 주었더라면' 과연 이런 부정과 부패, 원칙 없는 인사가 이루어졌을까?

다음으로 반성하게 되는 것은 오늘날 우리 지식인들의 자화상이다. 헛된 명예와 눈앞의 이익에 눈이 멀어 현실의 모순과 부조리에 비굴하게 침묵하거나 무책임한 냉소나 방관으로 일관하는 지식인들이 이 시대에도 얼마나 많은가? 묵자의 시대에 사대부나 선비들이 보인 권력에 대한 아부와 불의에 대한 침묵은 오늘의 지식인을 되돌아보게 한다.

지금 우리 사회에는 국민들의 의견과 여론을 무시하고 멋대로 행정을 주무르는 관료들이나 회사원들의 고충과 불만을 무시한 채 독단적으로 회사를 경영하는 기업의 경영자들이 얼마나 많은가? 이들 역시 부국강병이라는 허울 좋은 명분을 앞세워 자신의 이익만을 탐하던 전국 시대 제후들의 모습에서 크게 벗어난 것은 아닐 것이다.

그렇기 때문에 《묵자》를 읽어 나갈 때 우리의 가슴을 가장 울리는 것은 적자생존과 무한경쟁을 내세우면서 자신보다 약자인 사람들을 함부로 대하는 이들에게 던지는 겸애와 겸손의 목소리일 것이다. 두루 사랑하지 않으면 그리고 의롭지 않으면 우리의 삶은 계속 황폐하게 변할 것이다. 우리의 일상에서도 차별과 구별이 앞서고 그 차별과 구별 때문에 남을 억누르거나 무시하는 일이 얼마나 많은지 깊이 생각해 볼 일이다.

또한 침략 전쟁에 대한 반대와 물자의 절약을 주장하는 대목 또한 오늘의 우리에게 많은 의미를 던져 주고 있다. 강대국들의 이해 때문에 벌어지는 끊임없는 전쟁의 피해는 물론, 온갖 자연재해와 기상이변, 각종 환경 문제와 자원고갈 문제 등으로 인류 전체가 위기 상황으로 내몰리고 있는 것이 오늘의 현실이다. 이런 현실 속에서 묵자가 말하는 '비공'과 '절용'은 참으로 절실하게 다가오는 말이 아닐 수 없다.

아직도 자기중심적인 이념과 배타적인 종교적 편견에서 벗어나지 못하고 가공할 무기들로 아무 죄의식도 없이 사람들을 살상하고, 지구촌 한쪽에서는 기아와 질병으로 하루에도 수천수만 명이 비참한 죽음을 맞고 있다. 그런데 다른 한쪽에서는 과잉 생산과 자기 과시적 소비, 음식 낭비를 일삼고 있다. 더 늦기 전에 우리는 어떻게 하면 사람과 사람, 인간과 자연이 평화롭게 공존할 수 있는지를 심각하게 고민하고 이 위기로부터 우리들을 구해 낼 방도를 찾아야 한다.

이런 현실에서 바라볼 때 묵자라는 인물은 그 당시로서는 참으로 놀라운 통찰력과 예지력으로 인간과 사회를 바라본 예언자이자 선각자가 아닐 수 없다. 2,500년의 세월을 뛰어넘어 오늘날 우리 인류가 고민하고 있는 문제들을 제기했고, 나름대로 그 해결책을 제시했으며,

그것을 행동에 직접 옮겼기 때문이다. 온 세상 사람들이 서로를 차별하지 않고 사랑을 함께 주고받으며 전쟁이 없는 평화로운 세상에서 살기를 꿈꿨다는 점에서 묵자는 일종의 유토피아를 갈망한 사람이기도 하다. 그러나 묵자는 결코 자신의 이상이 실현 불가능한 일이라고 생각하거나 현실이 수많은 어려움과 장애물로 가득차 있다고 좌절하지도 않았다. 그는 전쟁을 막기 위해 열흘 밤낮을 달려갈 정도로 자신이 할 수 있는 열정과 노력을 다 발휘했다. 또한 묵자는 살아가는 데 꼭 필요한 만큼의 물자만을 사용해야 된다고 말하면서 인류의 소중한 자원과 환경을 지키기 위해 당대의 지식인들 중에 어느 누구보다도 노력한 사람이었다.

묵자는 인류 역사상 가장 앞선 평화 운동가이자 환경 운동가였다. 오늘날 《묵자》가 다른 어떤 고전보다도 우리에게 큰 의미로 다가오는 이유도 여기에 있다. 말보다도 행동으로 실천한 지식인, 행동에 앞서서 사람을 사랑한 실천가, 묵자는 바로 그런 사람이었다. 인류가 사랑이라는 하나의 가치로 화합할 수 있다고 믿은 묵자야말로 소중한 인생을 어떻게 하면 의미있게 살아갈 것인지 고민하는 청소년들에게 훌륭한 답을 제시할 것이라 믿는다.